Staatsminister Alfred Ilg
(1854-1916)
Ein Thurgauer am Hof Kaiser Meneliks II. von Äthiopien

Thesis Verlag - Zürich

Zurfluh Anselm, »Rapporte und Berichte von Oberst Sebastian Peregrin Zwyer von Evebach (1597-1661) über die Lage der Schweiz an den kaiserlichen Hof zu Wien«, Zürich 1993, 1595 S.

Zurfluh Anselm, »Uri, Modell einer traditionellen Welt? Eine ethno-geschichtliche Studie über die Urner Mentalität 17.-20. Jahrhundert«, 1994, 388 S.

Rücklin Françoise, »La condition humaine d'après Dürer, Essai d'interprétation symbolique des ›Meisterstiche‹«, 1995, 1066 S.

Zurfluh Anselm, »Oberst Sebastian Peregrin Zwyer von Evebach (1597-1661), Kriegskorrespondenz (1631-1656)«, 1995, 965 S.

Blasco Daniel, »À travers les registres paroissiaux. Essai d'histoire morale des gens de Cannes au XVIIIe siècle«, 1996, 192 S.

Chaunu Pierre, »Der Mensch, Drei Millionen Jahre, Achtzig Milliarden Schicksale«, Übersetzt und adaptiert von Hermann Kusterer und Anselm Zurfluh, 1996, 352 S.

Morel Yves-Alain, »Aufklärung oder Indoktrination? Truppeninformation in der Schweizer Armee 1914-1945«, 1996, 318 S.

Keller Franziska, »Oberst Gustav Däniker, Aufstieg und Fall eines Schweizer Berufsoffiziers«, 1997, 450 S.

Zwicky-Aeberhard Nikolaus; Zurfluh Anselm (Hg.), »Bevölkerung und Entwicklung, Population et développement«, Kongreßakten, 1997, 245 S.

Vincenz Oertle, »›Sollte ich aus Rußland nicht zurückkommen...‹ Schweizer Freiwillige an deutscher Seite 1939-1945, Eine Quellensuche«, 1997, 754 S.

Knobelsdorff-Brenkenhoff, Benno von, »Briefe aus den Befreiungskriegen: Ein Beitrag zur Situation von Truppe und Heimat in den Jahren 1813/14«, 1998, 240 S.

Dumont Gérard-François, Zurfluh Anselm (Hg.), »L'Arc Alpin, Histoire et Géopolitique d'un Espace Européen«, 1998, 160 S.

Padel Gerd H., »Dämme gegen die braune Flut. Die Schweizerpresse und der Aufstieg des Dritten Reiches 1933-1939«, 1998, 160 S.

Frey Daniel M., »Vor der Revolution? Der Ordnungsdienst-Einsatz der Armee während des Landesstreiks in Zürich«, 1998, 292 S.

Schooyans Michel, »Ethik - Leben - Bevölkerung, Geburtenkontrolle, Abtreibung, Euthanasie. Eine Argumentationshilfe in Grundfragen unserer Zeit«, 1998, 133 S.

Dumont Gérard-François, Zurfluh Anselm (Hg.), »Les racines de l'identité européenne«, 1999, 400 S.

Zurfluh Anselm, »Oberst Sebastian Peregrin Zwyer von Evebach (1597-1661), Innenpolitische Korrespondenz (1631-1661)«, 1999, 924 S.

Küng Heribert, »Der Kanton St. Gallen und seine ausländischen Nachbarn, 1918-39«, 1999, 214 S.

Zurfluh Stephan, »Turn-Around in der Milizarmee. Verkannt, erkannt, vollzogen«, 1999, 305 S.

im Druck:

Zurfluh Anselm, »Im Herzen der Alpen und der Geschichte - Weltgeschichte, Nationale Geschichte, Regionale Geschichte - Einige Fragen und Antworten aus heutiger Sicht zu der Welt von Sebastian Peregrin Zwyer von Evebach«

In Vorbereitung:

Signer Barbara, »Die Frau in der Schweizer Armee. Die Anfänge, Gründung und Aufbau des militärischen Frauenhilfsdienstes während des Zweiten Weltkriegs«

Lustenberger Werner (Hg.), »Soldatendienst ist Gottesdienst. Die Feldpredigten aus den Jahren 1870-1872 von Albert Bitzius, Twann, und Eduard Herzog, Luzern«

Heribert Küng

Staatsminister Alfred Ilg (1854-1916)
Ein Thurgauer am Hof Kaiser Meneliks II. von Äthiopien

Mit einem Schreiben von
Herrn Bundesrat Joseph Deiss
und einem Vorwort von
Herrn Botschafter Paolo Brogini, Addis Abeba

Die deutsche Bibliothek - CIP-Einheitsaufnahme

Küng, Heribert:

Staatsminister Alfred Ilg (1854-1916)
Ein Thurgauer am Hof Kaiser Meneliks II.
von Äthiopien

Zürich: Thesis-Verlag, 1999
(Reihe *ars historica*)
ISBN 3-908544-34-3 brosch

Umschlagbild: Ölportrait Alfred Ilg, um 1910,
Privatbesitz der Familie Zwicky, Zürich

Umschlaggestaltung: Anselm Zurfluh
Schriftsatz und Gesamtherstellung: FCM-Prag

© 1999 - Thesis Verlag GmbH Zürich

Tous droits réservés - Alle Rechte, insbesondere der Übersetzung in fremde Sprachen, vorbehalten.

Meiner Frau Elisabeth
und unserem Sohn Thomas gewidmet

Der Autor und der Verlag danken allen großzügigen Spendern,
welche die Herausgabe dieses Buches ermöglicht haben.

Vom Verkaufspreis jedes Exemplares gehen
fünf Schweizerfranken
an die Karl-Heinz-Böhm-Stiftung
»Menschen für Menschen« in Äthiopien

Inhaltsangabe

Inhalt 7
Schreiben von Bundesrat Joseph Deiss 8
Vorwort von Botschafter Paolo Brogini, Addis Abeba 9
Einleitung: Die Schwierigkeiten mit einer Biographie 11
I: Alfred Ilg – Eine Jugend in der Ostschweiz
     des 19. Jahrhunderts 14
II.   Äthiopien – Von der glanzvollen Antike
     zum langen Mittelalter 19
III. Ingenieur Ilg – Am Hofe des Unterkönigs von Schoa 33
IV. Kaiser Menelik II. – Der Aufstieg
     eines Territorialherrschers 42
V. Ilg baut die »Neue Blume« Addis Abeba
     Und vieles andere mehr 74
VI. Kolonialgerangel in Ostafrika – David
     besiegt Möchtegern-Goliath 100
VII. Ilg wird Staatsminister – Und bleibt alles andere 121
VIII. Das neue Äthiopien entsteht – Ein Werk
     des Kaisers und seines Schweizer Beraters 130
IX. Der Kaiser ist krank – Ilg verläßt das Land 152
X. Alfred Ilg – Der Mensch seiner Zeit 160

Quellen 181
Literatur 182
Abbildungsverzeichnis 184

Fast sämtliche Reproduktionen stammen von Gabriel Gassner, Braz, Österreich.

DER VORSTEHER
DES EIDGENÖSSISCHEN DEPARTEMENTES
FÜR AUSWÄRTIGE ANGELEGENHEITEN

3003 Bern, 30. August 1999

Herrn
PD Dr. Heribert Küng
Zwinglistrasse 6
9000 St. Gallen

Sehr geehrter Herr Küng

Besten Dank für Ihr Schreiben vom 31. Juli 1999 und die Kopie Ihres Manuskriptes "Staatsminister Alfred Ilg (1954 – 1916) – Ein Thurgauer am Hof Kaiser Meneliks II. von Äthiopien".

Ich habe Ihre Bitte um ein Vorwort an die Sektion Kultur und UNESCO weitergeleitet, die dafür besorgt sein wird, dass Sie ein Vorwort des Departementes zu Ihrem Manuskript erhalten werden.

Ich hoffe, das Buch über unseren faszinierenden Mitbürger Alfred Ilg stosse auf das ihm zustehende Interesse und verbleibe

mit freundlichen Grüssen

Joseph Deiss
Bundesrat

Vorwort

Heribert Küng ist es in verdankenswerter Weise gelungen, mit seiner Biographie einen in Vergessenheit geratenen großen Schweizer wieder aufleben zu lassen. Neben der engeren Beschreibung des Wirkens von Alfred Ilg am kaiserlichen Hof in Äthiopien findet auch Ilgs ostschweizerische Herkunft und das politische Umfeld in Äthiopien wie auch in Europa genügend Platz. Dadurch erschließt sich dem Leser, der Leserin, ein lebendiges Stück Geschichte.

Lange vor der Zeit offizieller schweizerischer Präsenz in Äthiopien, diese begann erst 1952 mit einer Gesandtschaft in Addis Abeba, war Alfred Ilg kraft seiner Persönlichkeit ein immenser Förderer des schweizerischen Rufs. Ilg stand zu Recht da als immer loyaler, vorausschauender Berater, als ein Förderer des technischen Fortschritts und als geschickter Vermittler. Auch aus heutiger Sicht verdient Ilg Bewunderung dafür, wie respektvoll er den Umgang mit der sehr andersartigen äthiopischen Kultur pflegte. Soweit ging sein Einfühlungsvermögen und Verständnis für das imperiale, nicht-kolonisierte Äthiopien, daß er es aus Überzeugung auf dem diplomatischen Parkett verteidigte. Dabei wurde er innerlich nicht Äthiopier, er bewahrte bewußt seine Prägung als Schweizer. Ohne feste Verankerung in seiner eigenen Kultur wäre es Ilg wohl nie gelungen, über Jahre hinweg mit der starken und fordernden Persönlichkeit Meneliks II. eine beinahe symbiotische Beziehung zu pflegen.

Geschichte und erst recht das Leben von einzelnen Personen sind einzigartig und nicht wiederholbar. Dementsprechend versucht Heribert Küng auch nicht, allgemeingültige Lehren und Schlüsse zu ziehen. Immerhin legt er mit dieser Biographie ein schönes Beispiel dafür vor, wie ein Individuum aus einem liberalen, an einem wirtschaftlichen, wissenschaftlichen und kulturellen Austausch interessierten Land mit einem weltoffenen, charismatischen Kaiser, über ein weitgehend feudal organisiertes Reich herrschend, in eine harmonische Beziehung treten konnte. Eine solche Beziehung zum gegenseitigen Nutzen ist zweifellos ein erfolgreiches Exempel von Dialog zwischen zwei Kulturen.

Möge die Erfolgsgeschichte zweier Persönlichkeiten zu ihrer Zeit insofern doch als Vorbild gelten.

Paolo Brogini
Schweizerischer Botschafter in Äthiopien
Addis Abeba, im Oktober 1999

Einleitung
Die Schwierigkeiten mit einer Biographie

In den Jahren 1997 bis 1999 hielt ich mehrere Vorlesungen am Institut für Äthiopische Studien an der Universität Addis Abeba über den Thurgauer Maschineningenieur Alfred Ilg, der vor hundert Jahren als Berater und dann als Staatsminister bei Kaiser Menelik II. in Äthiopien wirkte.

Als mich der Mentor des Instituts Professor Sir Richard Pankhurst und der Direktor des Museums, Magister Ahmed Zekaria geradezu inständig baten, das Thema weiter zu verfolgen und als dann der schweizerische Botschafter Paolo Brogini spontan erklärte, eine Photoausstellung über den Auslandschweizer zu präsentieren, stand mein Entschluß fest: Eine Biographie mußte gleichzeitig vorliegen! Dazu kam, daß sich das Greuterhof-Museum unter seinem Präsidenten Hans Jossi bereit erklärte, eine solche Ausstellung in Islikon (Thurgau) permanent zu übernehmen.

Ich war ein wenig stolz – und zutiefst verunsichert. Zwar gab es bereits Literatur über den wohl bedeutendsten Ausländer in der Geschichte Äthiopiens (Keller: Alfred Ilg; Loepfe: Ilg und die äthiopische Eisenbahn) und Professor Tafla in Hamburg arbeitete an einem mehrbändigen Werk über diese Zeit; aber ich hatte mich bis jetzt stets mit Sachthemen oder Zeitabschnitten beschäftigt wie »Die Schweiz ist kein Zufall«, »Rheingrenze 1945«, »Glanz und Elend der Söldner«, »Rheintaler Regionalgeschichte in Exkursionen« oder »Der Kanton St. Gallen und seine ausländischen Nachbarn 1918-1939« (im Thesis Verlag), aber eben nicht mit einer Biographie.

Ich wagte mich mit der vorliegenden Arbeit auf ein Gebiet, das nicht allein den Historiker forderte. Ich mußte fürchten, der Faszination einer Persönlichkeit zu erliegen und dies nicht mit meinem Auftrag zur Objektivierung von Geschichte in Einklang zu bringen. Die Nachkommen Alfred Ilgs bewerteten mein Vorhaben vorerst distanziert, die Fachkollegen ohne besonderes Interesse: man war und ist ja mit brisanteren Themen beschäftigt. Aber gerade deswegen sollte der Imagepflege der Schweiz in der Gegenwart nach meiner Meinung ein besonderer Stellenwert zukommen.

Das Thema Alfred Ilg stellte den Verfasser vor zahlreiche Fragen:
- Welche historischen Rahmenbedingungen waren dabei von Bedeutung?
- Wieviel allgemeine Information benötigt eine Biographie?
- Welche Rolle kamen Zufall und planendem Wirken in dieser Zeit zu?
- Wie wurden der Kaiser und sein Berater beinahe Freunde?
- Und letzten Endes: Machten Männer – in diesem Fall Kaiser Menelik II. und Staatsminister Alfred Ilg – Geschichte?

Geradezu hektische Lektüre, Bild- und Quellenforschung – die Zeit eilte und die Arbeit des Historikers war vielleicht einmal beschaulich gewesen – brachten dem Verfasser dann eine plötzliche Erleuchtung. Alfred Ilg wollte heraus aus der Enge seiner Schweizer Heimat und der Autor aus dem Zweifel, seine Arbeit nicht zu schaffen. Frustration und die Idee, die vor der Tat stehen muß, sind stets bedeutende Motoren der menschlichen Schaffenskraft gewesen. Und jetzt glaubte der Autor Alfred Ilg zu verstehen. Dieser erlebte die Veränderungen im Äthiopien der letzten Jahrhundertwende und der Autor kann zusehen, wie sich die Welt um die Jahrtausendwende wandelte. Alfred Ilg aber erlebte diese Veränderungen zu seiner Zeit nicht nur, er gestaltete sie auch entscheidend mit.

Wer das arme Land Äthiopien kennt, kann gleichwohl seiner Faszination schwer widerstehen wie der Autor, der mit einer Bürgerin dieses Landes verheiratet ist. Wer die Villa der Familie Zwicky, der Nachkommen Ilgs im Kanton Zürich, betritt, wird der Ausstrahlung des 1916 verstorbenen Staatsministers nicht entgehen: Im Entrée fallen dem Besucher als erstes zwei kapitale Elephantenstoßzähne, ein kleiner Buckelschild und zwei grazile Lanzen ins Auge – Größe und Bescheidenheit des ehemaligen Besitzers zugleich symbolisierend.

Der Betweded (das heißt der Bewunderte) Exzellenz Alfred Ilg ist hier noch immer gegenwärtig und in Äthiopien kennt auch heute jeder Gebildete seinen Namen, ganz im Gegenteil zur Schweizer Heimat, wo er nicht einmal allen Historikern geläufig ist. Es erscheint daher keineswegs fehl am Platz, einen der bedeutendsten Auslandschweizer und sein Werk einem breiteren Publikum zugänglich zu machen. Dies geschieht mit der vorliegenden Biographie und mit der späteren Eröffnung einer permanenten Photoausstellung mit Leihgaben aus dem Nachlaß von Alfred Ilg im Greuterhof in Islikon, Thurgau.

Mein Dank gilt dem Stiftungsratspräsidenten des Greuterhof-Museums, Herrn Hans Jossi und ganz besonders Frau Iris Zwicky für die Einsicht ins Privatarchiv von Alfred Ilg, Frau Dr. Elisabeth Biasio vom Völkerkundemuseum Zürich für die Überlassung und Herrn Dario Donati für die Auswahl der Ilg-Photos. Dazu danke ich Herrn Botschaftsattaché Christian Aebischer, Addis Abeba, und Frau Zwicky für weitere Aufnahmen. Für die Finanzierung schulde ich zahlreichen Stellen Dank: alle Donatoren werden auf einem speziellen Blatt erwähnt. Zuletzt bedanke ich mich beim Verlag und dessem Leiter, Herrn Dr. Stephan Zurfluh sowie bei DDr. Anselm Zurfluh für die angenehme Zusammenarbeit bei der Entstehung der vorliegenden Arbeit.

St. Gallen im November 1999
Der Verfasser

Kapitel I
Alfred Ilg – Eine Jugend in der Ostschweiz des 19. Jahrhunderts

Als Alfred Ilg 1854 im thurgauischen Frauenfeld nahe dem Bodensee geboren wurde, bestand der Schweizer Bundesstaat seit sechs Jahren, ebenso alt war die Bundesverfassung, die modernste demokratische Konstitution im damaligen Europa. Als Bundespräsident hatte für ein Jahr Friedrich Frey-Hérosé gerade den St. Galler Wilhelm Martin Naeff abgelöst. Die Schweizer Regierung bestand aus sieben Freisinnigen, neu zog der Berner Jakob Stämpfli als Mitglied ein. Das mehrsprachige Land mit seinen zwei Staatsreligionen und verschiedene Minderheiten, Äthiopien darin nicht unähnlich, hatte seit 1799 keinen Feind mehr gesehen, seine Neutralität war international anerkannt und die Außenpolitik sehr zurückhaltend; es gab gerade zwei Gesandte, einen in Paris und einen in Washington. Graubünden erhielt in diesem Jahr eine neue Verfassung, die Österreicher wiesen sechstausend Tessiner aus der damals habsburgischen Lombardei aus und ein Bundesgesetz regelte die Organisation des Telegraphenwesens.

In Solothurn starb Karl Ludwig von Haller, der Verfasser der »Restauration der Staatswissenschaften«, in Lützelflüh der Berner Schriftsteller Jeremias Gotthelf, der Bauerndichter, und im Aargau wurde der Dieb und Ausbrecher Bernhard Matter geköpft, vor allem weil er die Polizei lächerlich gemacht hatte. Der Autor des Bürgertums, der Zürcher Gottfried Keller, gab den Entwicklungsroman »Der grüne Heinrich« heraus.

In dieser Zeit, am Beginn der Industrialisierung, erreichte der Pauperismus auch in der Schweiz seinen Höhepunkt. »Die große Zahl der Armen zieht gewöhnlich von Ort zu Ort, übernachtet im Sommer bei hellem Feuer in den Wäldern, im Winter in den Stallungen und erhält sich teils aus dem Erlös der Korbgeflechte, teils durch den Bettel der weiblichen Gesellschaft. Meist nicht verheiratet leben die Männer mit Beihälterinnen zusammen und die Kinder wachsen halb verwildert auf.«[1]

---

1. Chronik der Schweiz, Zürich 1987, S. 410ff, 417ff.

Die Schweizer Bevölkerung betrug zu dieser Zeit fast genau zweieinhalb Millionen. Die Gründung der Eidgenössischen Technischen Hochschule in Zürich, die Alfred Ilg später besuchen sollte, erfolgte ein Jahr nach seiner Geburt, die der Schweizerischen Kreditanstalt zwei Jahre darauf. Das Bundeshaus, das Regierungs- und Parlamentsgebäude im Stil des Historismus, erbaut durch den Architekten Friedrich Studer in Bern, stand erst, als der kleine Thurgauer schon drei Jahre alt war.

Während Basel und Zürich bereits führende Industrien besaßen, war der Heimatkanton Alfred Ilgs mit etwa achtzigtausend Einwohnern unter ständigem Verlust durch Auswanderung noch fast gänzlich agrarisch geprägt. »Der Thurgau mit seinen Tälern und seiner sanften Hügellandschaft ist ein Bauernland.«[2]

1855 führte die erste Bahnlinie von Winterthur bis nach Romanshorn; ab nun hielt die Industrie einen vorerst recht bescheidenen Einzug im Bodenseekanton: 1845 entstand in Frauenfeld eine Teigwarenfabrik der Firma Maggi, 1863 der Waffenplatz, im gleichen Jahr wurde auch Saurer in Arbon gegründet. 1868 gab es sechzig industrielle Betriebe mit dreitausendsechshundert Fabrikarbeitern und zweitausenddreihundert Heimarbeiterinnen und -arbeiter.

Auch im Kantonshauptort Frauenfeld ging's nach wie vor ländlich-sittlich zu. Das Städtchen, bis 1798 Versammlungsort der alteidgenössischen Tagsatzung und seit 1803 Sitz der thurgauischen Regierung, des Obergerichts und des Kantonsparlaments, wies knapp zweitausend Einwohner auf. »Frauenfeld liegt am Murgfluß, über welchen eine bedeckte Brücke führt, sehr angenehm in der Mitte von Weingärten, Fruchtfeldern und Wiesengründen (und) ... ist größtenteils wohl gebaut, von drei breiten, gerade und nebeneinander laufenden Gassen durchschnitten ... Die öffentlichen Gebäude sind das alte Schloß, der ehemalige Sitz der eidgenössischen Landvögte über den Thurgau, dessen Turm in Hinsicht auf Altertum, historisches Andenken und Bauart zu den vorzüglichsten Denkmalen gehört ... das Rathaus ... die Staatskanzleigebäude ... die katholische und die reformierte Kirche, jede mit einem Glockenturme ... In der Stadt sind zwei mechanische Baumwollspinnereien, eine Seiden- und Flachsspinnerei und mechanische Werkstätten«, in einer von ihnen sollte Alfred Ilg die Lehre beginnen,

---

2. Schoop Albert, Geschichte des Kantons Thurgau, Frauenfeld 1987-92, S. 162.

»auch einige Seidenwebstühle. Landbau ist der Haupterwerbszweig der Bewohner, auch wird einiger Handel betrieben.«[3]

Im Zusammenhang mit der neuen, dem Bundesstaat angepaßten Kantonsverfassung hieß es 1849: »Der Mittelmäßigkeit bei Pfarrern und Lehrern müsse entgegen gearbeitet werden. Die größte Sünde ... sei gewesen, daß dem Staat Intelligenz entzogen worden sei«, wohl in erster Linie durch die permanente Auswanderung vor allem junger Thurgauer nach Übersee.[4]

Wenn auch 1853 die Kantonsschule Frauenfeld eröffnet wurde, in die Alfred Ilg mit zwölf Jahren eintrat, und ein Jahr danach die Naturforschende Gesellschaft gegründet, haftete dem Hauptort und dem ganzen Kanton zu dieser Zeit nicht gerade der Ruf von besonderer geistiger Mobilität an. Das ehemalige Untertanenland war Jahrhunderte hindurch von Vögten aus den Regierenden Orten mehr schlecht als recht verwaltet worden und hatte Talente, wie in vielen anderen Kantonen auch, nicht gefördert. Alfred Ilg hatte dies wohl frühzeitig erkannt, seine Anhänglichkeit an die Heimat blieb gleichwohl erhalten, stammte doch sein Freund und erster Biograph Konrad Keller ebenfalls aus dem Thurgau.

Offenbar kannte Ilg seinen leiblichen Vater nicht und wuchs im Haus »Zum Hirschen« zusammen mit seiner Mutter, seinen zwei Stiefgeschwistern und seinem Stiefvater Oberstleutnant Neuweiler auf. Seine uneheliche Geburt, damals allerdings schon nichts Außergewöhnliches, machte ihm in seiner engen Heimat wohl zu schaffen, und er wurde auch deswegen gehänselt. Als Lehrling stellte er einmal zornig einen Amboß auf die Werkbank und als ihm niemand seine Kraft glaubte, hob er diesen im Beisein der Belegschaft wieder auf den richtigen Platz.

Als Bürger von Salenstein nahe dem Bodensee kam Alfred Ilg am 30. März 1854 in der thurgauischen Metropole Frauenfeld zur Welt[5]. 1866 trat er ins Gymnasium des Städtchens ein und maturierte dort fünf Jahre danach. Bereits hier zeichnete er sich durch besondere Begabung in Mathematik und Zeichnen, aber auch in den Sprachen Französisch,

---

3. Lutz' Hand-Lexikon, Band 1, Vollständige Beschreibung des Schweizerlandes, Aarau 1827, S. 457f.
4. Schoop, Thurgau, S. 166.
5. Keller Konrad, Alfred Ilg, Frauenfeld 1918, S. 13. Der Eintrag im Geburtsregister 1854 lautet: »Alfred Heinrich Ilg, (Sohn der) Magdalena Ilg, geb. 30. März, getauft 18. April«, Kirchenbuch von Evangelisch-Kurzdorf, Frauenfeld (Staatsarchiv Thurgau).

Italienisch – und damals schon – Englisch aus und er spielte zudem mehrere Instrumente. Der Tod des Stiefvaters offenbarte überraschend die beinahe völlige Mittellosigkeit der Familie. Der Maturand sah sich gezwungen eine Lehre als Mechaniker bei den Brüdern Osterwalder zu beginnen anstatt an die technische Universität zu gehen. Nach zwei Jahren hatte er anscheinend genug von der ihn unterfordernden Tätigkeit und studierte mit Hilfe von Darlehen und Stipendien und durch Erteilen von Nachhilfestunden an der heutigen Eidgenössischen Technischen Hochschule in Zürich, Polytechnikum genannt.[6]

Nur mit dreihundert Franken in der Tasche hatte der energische und ehrgeizige Thurgauer sein Studium begonnen. »Der damalige kluge Schulratspräsident Kappeler hatte indes ein warmes Verständnis für seinen engeren Landsmann, dem er wiederholt Stipendien vermittelte. Mit diesen und mit Privatstunden schlug sich der strebsame Student schlecht und recht durch. Oft hatte er in der Woche zusammen siebzig bis fünfundsiebzig Stunden, ... (er) genoß einen ausgezeichneten Ruf als Erteiler von Privatstunden. Als er einmal einen jungen Italiener innert kurzer Zeit durch das Examen brachte, sandte ihm dessen Vater eine Gratifikation von fünfhundert Franken, was für unseren Studenten ein förmliches Vermögen bedeutete. Wo er konnte, gab der gute Sohn noch seiner Mutter und seiner Schwester von den sauer verdienten Batzen.«[7]

Nach seinem Abschluß als Maschineningenieur trat er die erste Stelle bei der Firma Marquard in Bern an. »Seine Lieblingsidee war«, obwohl ihm sein Arbeitgeber ohne direkte Nachkommen bald einmal den Betrieb überlassen wollte, »mit den etwas engen Verhältnissen in der Heimat zu brechen und in einem fremden Land etwas Großes zu leisten.«

1875 waren in der Schweiz Nachrichten vom Tod des Solothurners Werner Munzinger[8] eingetroffen, auf den der europäische Handel große Hoffnungen auf geordnete Zustände in der langsam zerfallenden osmanischen Herrschaft in Ostafrika gesetzt hatte. Munzinger war Gouverneur im heutigen Eritrea gewesen. Der äthiopische Unterkönig

---

6. Ebd., S. 13f.
7. Schmid Ernst, Thurgauische Afrikaforscher, Frauenfeld 1940, S. 7.
8. Keller, Ilg, S. 15. Werner Munzinger zog 1852 aus, um die Sklaverei in Afrika abzuschaffen. Als Forschungsreisender und Händler zieht er von Kairo und dem Roten Meer in die unwegsamen Gebirge Abessiniens, der sagenumwobenen Nilquelle entgegen. Er wird Bauer, heiratet, verwickelt sich in Kriege und Intrigen und kommt zu Reichtum und politischer Macht. Vgl. Capus Alex, Munzinger Pascha, Zürich 1998.

von Schoa Menelik »... scheint Kenntnis von der Sachlage gehabt zu haben...« Jedenfalls erhielt die Schweizer Firma Escher & Furrer in Aden von seinem Hof den Auftrag, einen tüchtigen Ingenieur aus Europa zu suchen. Ilg lernte Furrer in der Schweiz persönlich kennen und entschloß sich die Stelle anzunehmen. Wieder war es der Schulratspräsident der Technischen Hochschule Zürich, der auf Anfrage hin Alfred Ilg für den Posten im fernen Äthiopien empfohlen hatte. Laut Vertrag erhielt er ein Gehalt von fünftausend Franken pro Jahr bei freier Kost und Logie ohne allerdings zu wissen, daß das Haus noch gar nicht stand.

Äthiopien war kein Auswanderungsland für Schweizer; diese wandten sich in die Nachbarstaaten oder in die Neue Welt, Vereinzelte auch in die holländischen und englischen Kolonien an der Südspitze Afrikas. Was mochte der kaum Fünfundzwanzigjährige von Äthiopien gewußt haben? Nicht allzu viel wahrscheinlich, das Land lag trotz der 1869 erfolgten Eröffnung des Suezkanals für einen Europäer weit, weit weg. In der zweiten Maihälfte des Jahres 1878 ging es los; mit der Bahn zuerst, dann per Schiff und schließlich endlos mit einer Kamelkarawane. »So freudig und mutig wir der Zukunft entgegen schauten«, Alfred Ilg und zwei Handwerker aus Zürich, »mit schwerem Herzen fuhren wir endlich den 21. Mai von Zürich dem fernen Lande zu.«[9]

Die Reise sollte nicht weniger als sieben Monate dauern, aus dem geplanten Aufenthalt von zwei Jahren mehr als ein Vierteljahrhundert werden und Alfred Ilg der zu seiner Zeit unangefochten beste europäische Kenner des Kaiserreiches auf dem Dach Afrikas – und sein größter Förderer und Freund.

---

9. Keller, Ilg, S. 16.

Kapitel II
Äthiopien – Von der glanzvollen Antike zum langen Mittelalter

Äthiopien, die »Wiege der Menschheit« (Lucy 3,5 Millionen Jahre, Fund bei Laetoli in Nordäthiopien 4,2 Millionen) trat als alter Siedlungsraum der biblischen Kuschiten und eingewanderter Sabäer aus dem Süden von Arabien mit dem Vordringen von Adulis südlich der heute eritreischen Stadt Massaua zum Landesinneren im ersten Jahrtausend vor Christus ins Licht der Geschichte. Bereits im 2. Jahrhundert vor Christus[10] wurde Axum (Zusammensiedlung) in der heutigen Provinz Tigre der glanzvolle Mittelpunkt des Reiches. Von dem heute als UNESCO-Weltkulturgut anerkannten Ort regierte ein König das Reich, das sich weit ins äthiopische Bergland vorschob, aber auch Teile des heutigen Yemen umfaßte. Seit etwa 290 nach Christus ließ der Herrscher Gold- und Silbermünzen schlagen, von denen auch ein Fundniederschlag in Indien existiert.

»Die großartigen Bauwerke der Axum-Könige, vor allem die hohen monolithischen Stockwerkstelen (bis zu 33 Meter), die in Stein gehauenen Zisternen, die Paläste, deren erhaltene Fundamente ihre gewaltigen Dimensionen verraten, haben auf die Äthiopier späterer Zeiten stets einen tiefen Eindruck gemacht ... Dieser Staat mit seiner äthiopisch-hellenistisch-orientalischen Mischkultur entwickelte sich bald zur dominierenden politischen Macht am südlichen Roten Meer, die häufig genug über die See hinüber in die Geschichte des Mutterlandes Südarabien eingriff.«[11] Dann folgte um 340 nach Christus ein Ereignis, das Äthiopien, früher Abessinien (Habaschi) genannt, bis zum heutigen Tag neben seiner Geographie als »Dach Afrikas« am meisten prägen sollte: König Ezanas nahm das Christentum an, seine Münzen zierte nun das Kreuz anstelle des Halbmonds (ein vor-islamisches Herrschaftszeichen), sein Bekehrer, der Mönch Frumentios aus dem Oströmischen Reich wurde der erste Bischof und bald erschienen

---

10. Zewde Bahru, A short history of Ethiopia, Addis Abeba 1998, S. 46. The origins of the Axumite State are now dated to the middle of the 2nd century BC (before Christ).
11. Haberland Eike, Einführung in die Geschichte, in: Gerster Georg, Äthiopien, Zürich 1974, S. 20.

äthiopische Priester und Pilger in Jerusalem. König Kaleb führte sogar als Verbündeter des byzantinischen Kaisers Justinus 525 Krieg im Yemen als Rache für eine Christenverfolgung.[12]

Der reiche und erfolgreiche Zwischenhändlerstaat auf der Route von Indien nach Byzanz geriet aber bereits ein Jahrhundert danach in arge Bedrängnis. Während sich die Beziehungen zu Mohammed bis zu dessen Tod 632 freundlich gestaltet hatten, folgte dann das Ende des antiken Äthiopien jäh: Die Muslime schnitten das christliche Reich vom Meer und damit den Fernhandelsrouten binnen weniger Jahre gänzlich ab. König Armeha ließ um 630 die letzten Silber- und Kupfermünzen prägen, und erst unter Kaiser Menelik II. sollte es 1893, mehr als dreizehnhundert Jahre danach, wieder äthiopische Münzen geben. »Es verschwanden die Städte, viele handwerkliche Techniken, das Prägen von Geld wie auch der Fernhandel – Elemente, die bis in die jüngste Zeit in Äthiopien Fremdkörper sein sollten. Das Beharren der beiden Staatsvölker der Tigray und der Amhara auf dem christlichen Glauben trug zwar entscheidend zur Festigung der spezifisch nordäthiopischen Kultur bei, es förderte aber auch die Abschließung und Isolierung von der sie umgebenden islamischen Welt...«[13] Davon abgesehen, daß der Abuna, der oberste Kirchenherr des Landes, jeweils aus der koptischen Gemeinde von Alexandrien stammte. Unter der Königin Judith (Zauditu), um 950, wurde Axum bei einer antichristlichen Revolution großteils zerstört und offensichtlich von der Bevölkerung verlassen; von einer neuen Hauptstadt konnte erst ab etwa 1030 wieder die Rede sein.

Mit dem Ende des axumitischen Reiches begann für Äthiopien nicht gerade das dunkle, aber doch eindeutig das »Lange Mittelalter«[14], das bis zu den Tagen Kaiser Meneliks II. (1844-1913) und Alfred Ilgs (1854-1916) an der Schwelle zum 20. Jahrhundert dauern sollte. Und doch gab es in der Geschichte des Landes zweimal den erfolgreichen Versuch, eine neue glanzvolle Epoche zu begründen. Nach dem Jahr Tausend nach Christus schufen die Zagwe-Könige[15] mit Lalibela in der

---

12. Hahn Wolfgang, Äthiopien, Ausstellungskatalog, Linz 1994, S. 16.
13. Haberland, Geschichte, S. 21.
14. Bahru, Ethiopia, S. 54. It is a unwitting admission of their ignorance, not of the inconsequentiality of the period, that some writers, borrowing a term from European history, call it »the dark ages.«
15. Die Zagwe-Könige waren Usurpatoren. Die rechtmäßige äthiopische Kaiserdynastie leitet ihre Herkunft nach dem Kebra Nagast, dem Königsbuch (entstanden im 13. Jahrhundert), vom jüdischen König Salomon und der äthiopischen Königin Saba ab. Die

Provinz Wello eine neue Metropole, eine Felsenkirchenstadt, die heute wie Axum als UNESCO-Weltkulturgut zu den besuchtesten Stätten des Landes gehört. »The Eight Wonder of the World« nannte es der Spectrum Guide to Ethiopia.[16] Der Name der Ortschaft lautete ursprünglich Roha, wurde aber zu Ehren des bedeutendsten Herrschers aus dieser Familie in Lalibela (1181-1221) umbenannt. Als Thronräuber waren die Zagwe-Könige auf das Wohlwollen oder zumindest die Duldung der mächtigen Kirche angewiesen, und so bauten sie Kirchen: elf an der Zahl, vom Fluß Jordan (der nur zur Regenzeit etwas Wasser führt) in zwei Gruppen geteilt, vom Berg Abuna Joseph überragt, von Mönchen als Hüter der Kirchenschätze bevölkert und noch heute Stätten lebendigen orthodoxen Glaubens.

Wohl wurde die angestammte Dynastie der Salomoniden 1268 wieder eingesetzt, wohl expandierte der Staat nach Süden, aber der Nagusa Nagast – der König der Könige – war bis 1636 ein Herrscher ohne Hauptstadt, ein Wanderer und oft genug ein Flüchtling in seinem eigenen Land. Kaum hatte Äthiopien zu Beginn der europäischen Neuzeit nach 1508 Bündnisverhandlungen mit Portugal aufgenommen, dessen Schiffe vor der Ostküste des Horns kreuzten, griff der Iman von Harar Ahmed Gran, »der Linkshänder«, das christliche Hochland mit solcher Vehemenz an, daß es um ein Haar untergegangen wäre.

»Fünfzehn Jahre lang fiel in jeder Trockenzeit ein islamisches Heer im äthiopischen Hochland ein, zerstörte und verbrannte Kirchen und Klöster, vernichtete Bücher und Kunstschätze, tötete Priester, Mönche und alle jene, die nicht – meist zum Schein – zum Islam übertraten ... Es war eine Zerstörung, deren Ausmaß das des Dreißigjährigen Krieges (in Europa) übertraf. Der feige Kaiser Lebna Dengel wurde gejagt und verfolgt, durch Hunger und Schwert, er wurde durch das Unglück geplagt, wie man es sich nicht vorstellen kann. Als machtloser Flüchtling starb er im Elend in einer uneinnehmbaren Klosterburg, nachdem noch zuvor die heilige Kaiserstadt Axum (zwischen 1529 und 1543) erneut zerstört worden war.«[17]

äthiopischen Herrscher bis zum letzten Haile Selassie I. (1919/30-74) sind danach nicht nur die direkten Nachfahren der Könige des Alten Testaments und Vertreter des Erwählungsbundes, den Gott mit David schloß, sondern auch Verwandte von Jesus Christus (Haberland, Geschichte, S. 21).
16. Nairobi 1995, S. 111f.
17. Haberland, Geschichte, S. 24.

Unter seinem Nachfolger Claudius erschien 1541 eine portugiesische Flotte unter Christovao da Gama, einem der Söhne des Umseglers von Afrika, in Massaua, hörte von der Not der christlichen Glaubensbrüder im Bergland und setzte sich mit vierhundert Freiwilligen in Marsch nach dem Landesinneren. Wohl verlor der Befehlshaber mit der Hälfte seiner Büchsenschützen das Leben, aber bereits zwei Jahre danach vernichtete eine portugiesisch-äthiopische Streitmacht unweit des Tanasees, wo der Blaue Nil entspringt, die Truppen Ahmed Grans, der selbst im Kampf fiel. Aber schon nahte eine neue Gefahr von Süden: die Oromo-Völker. »Aber was die Raupen nicht fraßen, zerstörten die Heuschrecken, und was die Mohammedaner verschonten, das verwüsteten die Galla, seufzt der äthiopische Chronist.«[18]

Immer wieder versuchten die Könige eine Konsolidierung des Reiches. Kaiser Sarsa· Dengel (1563-97) »... verbrachte sein ganzes Leben auf Kriegszügen; gegen die ununterbrochen eindringenden Galla (Oromo) im Süden, gegen die Türken im Norden, gegen die letzten unabhängigen Falascha...«[19], die Angehörigen der jüdischen Religion, die bereits vor dem Christentum in Äthiopien etabliert war, und nicht zuletzt gegen die gewissermaßen traditionellen inneren Rebellionen. Die geographische Tatsache, daß das Land zur Hälfte auf über zwölfhundert Metern Meereshöhe liegt und sich tiefe Schluchten, vom Nil, Omo, Awash, Wabi Shebele und vom Takaze in das Vulkangestein gefressen haben, verunmöglichte eine gänzliche Eroberung bis in die neueste Zeit. Aber auch die Erhaltung der Landeseinheit wurde dadurch zu einem ständigen Problem. Wenn die Regenzeit die reißend gewordenen Ströme unpassierbar machte, ruhte jede Regierungstätigkeit, Brücken entstanden mit Ausnahme weniger kleiner portugiesischer Bauwerke erst im letzten Viertel des 19. Jahrhunderts.[20]

1557 besetzen die Türken Massaua, 1626 wurde Kaiser Suseynios katholischer Christ und mußte deswegen abdanken, die portugiesischen Jesuiten wurden vertrieben, die südlichen Teilreiche sanken wieder ins Heidentum zurück; und doch stand nach Lalibela der zweite Höhepunkt des langen Mittelalters bevor. Kaiser Fasilidas I. (1632-67) gründete östlich des Tanasees mit Hilfe von indo-portugiesischen Bauleuten eine neue Kaiserpfalz, die bis 1855 offizielle Residenz bleiben sollte und

---

18. Haberland, Geschichte, S. 25. Galla ist der frühere Name für die Oromo-Volksgruppe im Süden Äthiopiens.
19. Ebd., S. 25.
20. Kuls Wolfgang, Die Landesnatur in Grundzügen in: Gerster, Äthiopien S. 11.

diese Funktion von 1868 bis 1889 nochmals wahrnahm: Gondar, nach Axum und Lalibela ein weiteres UNESCO-Weltkulturgut des Landes. »The Camelot of Africa«[21] entstand 1636, auf seinem Gelände befindet sich nicht nur ein ehemaliger Badesee der kaiserlichen Familie und eine Reihe von Palästen, sondern mit der Dreifaltigkeitskirche Debre Birhan das einzige im Inneren vollständig bemalte Gotteshaus des Landes. Auch die Krönungskirche in Axum wurde vom Kaiser wieder aufgebaut. Unter seinen Nachfolgern Joannes (1667-82), Iasu (1682-1706) und Bakafa (1721-30) entstanden Musiksaal und Bibliothek, und der Kontakt mit europäischen Gesandtschaften wurde aufgenommen. 1769 kam der Schotte James Bruce nach Gondar und entdeckte die Quellen des Blauen Nil.

Fast gleichzeitig begann der unaufhaltsame Zerfall der Zentralgewalt, setzte die Ära der Fürsten – die Zamana Masafent – ein,[22] bis 1855 der letzte Schattenkaiser der Salomoniden abgesetzt wurde. »Die Statthalter der Provinzen betrachteten sich als unabhängig von der Zentralregierung. Seit 1755 führten diese Zustände zur offenen Anarchie ... In Gondar waren die schwachen Kaiser hilflos den Statthaltern ausgeliefert, von denen sie nach Belieben ein- und abgesetzt wurden. Der unglückliche Takla Gyiorgis wurde zwischen 1779 und 1800 sechsmal als Kaiser eingesetzt und wieder entthront bis er es vorzog, sich als Eremit in die Einöden von Waldebba zurückzuziehen. Doch hatte die Idee des Heiligen Reiches und des alleinigen Thronanspruchs der Salomoniden noch immer solche Kraft, daß es (vorerst) kein Statthalter und Condottiere wagte sich zum Kaiser krönen zu lassen und daß eine offizielle Teilung des Reiches ausgeschlossen war.«[23]

Die »kaiserlose Zeit« fiel zusammen mit einer erstmals seit dem 16. Jahrhundert wieder ernst zu nehmenden Bedrohung von außen: 1836-38 versuchte Ägypten, unter nur loser Oberhoheit der Türkei stehend und auch im Besitz des Sudans, die Quellen des Nil in seine Hand zu bekommen.[24] Dieses Vorhaben mißlang zwar, aber das Festsetzen der europäischen Kolonialmächte an den Küsten des Horns von Afrika ab 1862 stand ebenso bevor wie eine erste Invasion europäisch-indischer

---

21. Spectrum Guide to Ethiopia, Nairobi 1996, S. 90-94. Englisch ist in Äthiopien erste Pflichtfremdsprache ab der 3. Grundschulklasse.
22. Zewde, Ethiopia, S. 106. It was a period marked by shadow kings and powerful regional lords...
23. Haberland, Geschichte, S. 25.
24. Hahn, Äthiopien, S. 16.

Truppen in Magdala; und ein Angriff des Mahdi aus dem Sudan im Jahre 1889.

Da »... gelang es einem jungen Mann aus armer Familie, in einer kometenhaften Laufbahn vom Bandenführer zum Statthalter und nach der Unterwerfung aller anderen äthiopischen Statthalter und Prinzen zum Kaiser aufzusteigen. Er nahm bei der Krönung im Jahr 1855 den Namen Tewdoros an, denn eine mittelalterliche, vom Volk nie vergessene Prophezeiung besagte, daß einmal ein Mann namens Theodor zur Zeit der schlimmsten Not das Reich wieder einen und ein goldenes Zeitalter herauf führen würde.«[25]

Die Vorhersage sollte sich nicht erfüllen und der Usurpatorkaiser 1868 ein unrühmliches Ende nehmen. Geführt vom Solothurner Werner Munzinger, türkischer Gouverneur in Massaua, kamen britische Truppen unter Sir Robert Napier nach der kaiserlichen Festung, wo sie Tewdoros besiegten und der Kaiser von den Getreuen verlassen Selbstmord beging.[26] Zu diesem Zeitpunkt war Alfred Ilg vierzehn und der spätere Kaiser Menelik II. vierundzwanzig Jahre alt. Die Zukunft Äthiopiens erschien ungewisser denn je zuvor in seiner Geschichte und doch standen große Ereignisse bevor, wesentlich gestaltet von zwei Männern: Alfred Ilg und Menelik II.

---

25. Haberland, Geschichte, S. 25.
26. Zewde, Ethiopia, S. 127, vgl. auch Jenny Hans: Äthiopien, Stuttgart 1957, S. 47 und 51. Die politische Vorbereitung dieses Feldzugs lag »... ganz in den Händen des Schweizers Werner Munzinger, der, mit einer Einheimischen verheiratet, die örtlichen Sprachen und die topographischen Verhältnisse bestens kannte und bei den lokalen Chefs den Truppendurchmarsch sicherte.«

Photo 1: Frauenfeld um 1865, mit Bahn, Stadtarchiv Frauenfeld

Photo 2: Haus zum Hirschen, Ilgs Geburtshaus 1926, Stadtarchiv Frauenfeld

Photo 3: Eine der Stelen von Axum aus monolithischem Granit, ca. 30 m hoch, undatiert, Historic Ethiopia

Photo 4: St. Georgskirche, Monolith in der ehemaligen Zagwe-Hauptstadt Lalibela, Historic Ethiopia

Photo 5: Teil des Fasilidas-Palastes in Gondar, Historic Ethiopia

Photo 6: Die große Moschee in Harar, Historic Ethiopia

Photo 7: Äthiopischer Priester mit Zeremonien-Schirm, um 1900, Völkerkundemuseum Zürich, Photo Ilg, VMZ

Photo 8: König Gabra Maskal und der heilige Yared, Maria Zion, Aksum, 17. Jahrhundert (?), Gerster Äthiopien

Kapitel III
Ingenieur Ilg – Am Hof des Unterkönigs von Schoa

1869 war der Suezkanal eröffnet worden, geplant von Alois Negrelli[27], dem früheren Ingenieur zuerst der Vorarlberger und dann der St. Galler Rheinbauleitung. Der Kantonsschüler Alfred Ilg in Frauenfeld konnte zu diesem Zeitpunkt noch nicht wissen, daß er diesen neuen Seeweg nach Ostafrika und Südostasien in seinem Leben mehr als ein dutzend Mal befahren würde.

Ab der Mitte der siebziger Jahre des 19. Jahrhunderts wurde Europa und damit auch die Schweiz von einer Wirtschaftskrise heimgesucht, die nach 1887 von einem kräftigen Aufschwung abgelöst wurde. Erst danach wanderten in die Schweiz mehr Personen ein als das Land an Auswanderern verlor.[28] 1873 bis 1877 waren lediglich 12'833 Schweizer aus ihrer Heimat ausgewandert, was den tiefsten Stand zwischen 1868 und 1927 bedeutete. In den folgenden fünf Jahren, als auch Alfred Ilg das Land verließ, waren es bereits 37'048, und von 1883 bis 1887 erlebte die Auswanderung mit 44'393 ihren Höhepunkt und sank zwischen 1898 und 1903 mit 17'225 fast wieder auf Werte vor 1877

---

27. Alois Negrelli (1799-1858) war zuerst bei der Vorarlberger, dann bei der St. Galler Rheinbauleitung tätig. Zuletzt wurde er Generalinspektor der österreichischen Staatsbahnen in Wien. Betreffend seiner Arbeiten am Suez-Kanal, vgl. Bußjäger, Concin, Gerstgasser, Alois Negrelli und seine Spuren in Vorarlberg, Bludenz 1997, S. 19: »In diese Zeit fällt die Planung eines Werkes, das heute mit dem Namen Negrelli schlechthin verbunden wird: die Projektierung des Suezkanals. Anlaß soll eine Begegnung Negrelli's mit dem Naturforscher Alexander von Humboldt gewesen sein, der Negrelli zu diesem Vorhaben inspiriert hat. Negrelli veranlaßt die Entsendung einer Ingenieurgruppe nach Ägypten, um die entsprechenden Vermessungsarbeiten durchzuführen. Im Jänner 1856 wählt eine Kommission den Vorschlag Negrelli's als die beste Lösung der bisher eingereichten Pläne aus. 1857 erhält Negrelli von Vizekönig Said Pascha die Berufung zum ›Vorstand der technischen Oberleitung des Suezkanal-Unternehmens‹. Negrelli stirbt jedoch bereits am 1. Oktober 1858.«
28. Bergier Jean-François, Wirtschaftsgeschichte der Schweiz, Zürich 1983, S. 213. Die Schweiz wies 1895 bereits einen Bevölkerungsstand von 3,9 Millionen aus. Vgl. auch: Salis J.R. von, Weltgeschichte der neuesten Zeit, Zürich 1980, S. 175: »Um das Jahr 1873 machte sich in Europa eine gefährliche Stauung von Warenmengen und ein Überfluß an brachliegendem Kapital fühlbar; es war der Beginn einer bis 1894 dauernden Preissenkungsbewegung, unter der das Wirtschaftsleben der Alten Welt zu leiden hatte. Diese wird außerdem durch eine noch nie dagewesene Bevölkerungsvermehrung vor heikle wirtschaftliche und soziale Probleme gestellt.

zurück. Ostafrika übte offenbar gerade auf mutige Schweizer eine besondere Anziehungskraft aus.[29]

Der gewissenhafte Jungingenieur Alfred Ilg bereitete sich dementsprechend auf seine große Reise vor. Er erwarb Kenntnisse in topographischen Aufnahmen, machte einen Kurs in Erster Hilfe und Verbandlehre und suchte Mitarbeiter. Schließlich engagierte er den Modellschreiner Appenzeller aus Höngg und den Mechaniker Zimmermann aus Zürich. Nachdem Werkzeuge, Maschinen und persönliche Habe wohl verpackt waren, ging die Reise im Mai 1878 nach Süden: zuerst mit der Bahn nach Marseille, dann mit dem Schiff nach Port Said und den Kanal ins Rote Meer bis nach Aden. Hier schloß sich die Schweizer Firma Furrer mit ihren Waren an. Die Überfahrt nach Zeila (das erst vier Jahre danach britisch wurde) erfolgte auf einer primitiven arabischen Segelbarke. Zeila war damals ein trauriges Nest mit sehr gemischter arabisch sprechender Bevölkerung. »... Hier mußten erst einige Eingeborenenhütten für die Karawane geräumt werden. Volle vier Monate hatten unsere Europäer zu warten, bis sie weiter konnten. Damals stand der Ort noch unter ägyptischer Herrschaft, welches hier einen Militärposten unterhielt, der die Waffenausfuhr nach Abessinien streng überwachte. Waren doch die Beziehungen zu diesem Land nach

---

29. Küng Heribert, The Swiss Adviser of Emperor Menelik II., Vorlesung am Institut of Ethiopian Studies, Addis Abeba 1997. In diesen Jahren befand sich auch der Schweizer Missionar Waldmeyer in Äthiopien. Dieser hatte ein Mitglied des Kaiserclans geheiratet und die Tochter Yilma verfaßte ein Buch über Kaiser Haile Selassie I. Mit Alfred Ilg selbst kamen neben Appenzeller und Zimmermann zahlreiche Schweizer nach Äthiopien. Den Postbeamten Gattiker (ein Verwandter der Frau Ilg), Muhle, Wullschleger und Spitzer wurde 1895 die Postverwaltung anvertraut. Der Uhrmacher Eduard Evalet gründete 1905 gemeinsam mit dem Architekten Faller ein Unternehmen zur Ausbeutung des Djam-Waldes. Der Maler Maurice Potter erforschte Kaffa. Das größte Geschäftshaus war damals die Schweizer Handelsgesellschaft. Der Kaufmann Friedrich Hess gründete 1910 eine Firma, die heute noch als Reiseunternehmen besteht. In den Jahren 1909-11 erforschte der Ethnologe Georges Montandon Ghimirra, eine bis dahin unbekannte Gegend im Zentrum von Kaffa. Der St. Galler Flugpionier und Mitbegründer der Swissair Walter Mittelholzer überstellte 1934 das erste Flugzeug für den Kaiser nach Addis Abeba. 1935/36 während des italienischen Angriffs befanden sich mehrere Schweizer im Dienste de Kaisers oder bei internationalen Organisationen. Werner Brogle arbeitete als technischer Berater für Kommunikation bei der Armee, Marcel Nicod war in diesen Jahren Kapellmeister bei der kaiserlichen Musikkompanie und Sidney Brown als Delegierter des Roten Kreuzes im Lande. Heute ist die Schweiz vertreten durch eine Botschaft (zuständig auch für Eritrea und Dschibuti), mehrere Entwicklungshilfe-Organisationen und Residenten von Schweizer Firmen. Die ganze Schweizer Kolonie umfaßt 118 Personen, in Dschibuti und Eritrea je 18. (Mitteilung Botschaft)

dem kurz vorher (1876) ausgefochtenen Krieg schlecht. Deshalb kontrollierte der ägyptische Gouverneur die Expedition erst gründlich. Danach aber begleitete sein Sohn die Abteilung sicher bis nach Abessinien. Die Reise war mühselig und führte durch die Gebiete der gefährlichen Somali und Danakili, wo Plünderungen, Raub und Mord alltägliche Dinge waren.

Nach einer Reise von fünfundvierzig Tagen traf die Karawane am Rande des abessinischen Reiches ein. Hier brachten die Ortsbehörden den Angekommenen Brot, Honig, Talla (Bier) und Bananen. Ein Bote benachrichtigte den König von der Ankunft der Europäer, die sich zunächst nach der alten schoanischen Hauptstadt Ankober begaben.«[30] Die Stadt hatte im britischen Major Cornwallis Harris 1841 einen Besucher erhalten, der sie und den Gibbi, den königlichen Palast, auch beschrieb[31]: Die Metropole des Königreichs lag auf einem Berg und bestand aus einer ungeordneten Ansammlung von Rundhütten, die von etwa zwölf- bis fünfzehntausend Personen bewohnt wurde. Der Palast des Königs, von spiralförmigen Holzpalisaden bewehrt, bestand aus zahlreichen Gebäuden für die Herrscherfamilie, die Wache und die Hausklaven, aus Küchen, Kellern, Lagerhäusern, Brauereien und Waffenmagazinen. Vom ehemaligen Königspalast blieben lediglich einige kümmerliche Mauerreste erhalten.

Am 1. Januar 1879 waren Ilg und seine Begleiter in der Stadt eingetroffen, einen Monat danach holten fünfhundert Reiter die Schweizer nach Lidsche, um sie endlich dem König vorzustellen. »König Menelik saß unter einem Baldachin auf einer Art Ottomane, durchaus wie jeder vornehme Abessinier gekleidet mit Pumphosen, Hemd und einem weißen baumwollenen Schal mit buntfarbigen Bordüren. In den Haaren trug er allein eine goldene Stecknadel, welche ein Krönchen in der Größe einer Nuß vorstellte. König Menelik, zirka dreiunddreißig Jahre alt, ist ein großer, fester Mann mit äußerst einnehmenden Gesichtszügen, hübschem schwarzem gekraustem Backenbart und Schnauz, etwas hoch klingender Sprache, aber mit derart liebevollem Benehmen, daß es einem weh tun muß, ihm ein böses Wort zu sagen. Er war auch der einzige Mann, den ich bald wie einen Vater liebte und um dessentwillen ich Jahre im Lande bleiben wollte.«[32]

---

30. Schmid, Afrikaforscher, S. 9.
31. Marcus Harold G., The Life and Times of Menelik II., Ethiopia 1844-1913, Lawrenceville 1975, S. 11f.
32. Keller, Ilg, S. 24, vgl. Tagebücher Ilg-Archiv.

Alfred Ilg brauchte eine Vaterfigur und Menelik einen der Technik kundigen Europäer, der möglichst nicht aus einem Kolonien besitzenden Land stammen sollte. »Und die Völker der Welt außerhalb des Kapitalismus, die nun von ihm ergriffen und erschüttert wurden, stellte das Drama des technischen Fortschritts vor die Alternative, entweder unter Berufung auf alt hergebrachte Überlieferung und Sitten aussichtslosen Widerstand zu leisten oder in einem traumatischen Prozeß die Waffen des Eroberers an sich zu reißen und gegen diesen selbst zu wenden; mit anderen Worten: den Mechanismus des Fortschritts zu begreifen und bedienen zu lernen.«[33] Und genau das machte der König mit Hilfe seines Ingenieurs in den folgenden Jahren und Jahrzehnten.

Einen ersten Eindruck von der Verschiedenheit der Lebensweise erhielt Alfred Ilg bereits in Ankober,[34] »... woselbst ich sofort zum König gerufen (und) mir endlich meine Habseligkeiten, die zirka vierzehn Tage nach uns in Farre angelangt waren, ausgeliefert wurden. Es besteht nämlich hier in Schoa der eigentümliche Gebrauch, daß neu hier Angekommene die Effekten nur in Gegenwart Seiner Majestät übergeben werden. (Menelik) verfehlte denn auch nicht sich solche Gegenstände, die ihm nützlich erscheinen auszubitten, was selbstverständlich kaum verweigert werden kann. Mit knapper Not rettete ich meinen Spiegel ... Mein Vetterlikarabiner mit sämtlichen Kartuschen hingegen fand kein Erbarmen, er wanderte ins königliche Waffenmagazin um kurze Zeit nachher von König Joannes (1871-89) in Tigre für sich auserbeten zu werden. Als Ersatz erhielt ich vom König ein Henry-Winchestergewehr mit hundert Kartuschen, das aber meinem Karabiner noch lange nicht gleich kommt. Meine zwei Revolver hatte ich für gut befunden (sie) einstweilen der Öffentlichkeit zu entziehen.«[35]

Die Zustände in ganz Äthiopien und damit auch im Teilkönigreich Schoa waren, obwohl sich Menelik den Neuerungen gegenüber sehr aufgeschlossen zeigte, mittelalterlich und doch an der Schwelle zur Moderne. Kaum in Ankober halbwegs eingerichtet erhielt Alfred Ilg die Weisung sich nach Entotto über der heutigen Hauptstadt Addis Abeba zu begeben, das Menelik als neue Residenz erkoren hatte. In sechs Tagesritten erreichten Ilg und seine Begleiter die luftige Anhöhe auf dreitausend Metern, wo erst der königliche Gibbi stand; die eige-

---

33. Hobsbawm E. J., Die Blütezeit des Kapitals (1848-1875), Zürich 1979, S. 17.
34. Keller, Ilg, S. 26.
35. Ebd., S. 26.

nen Wohnstätten hatte die Schweizer Gruppe selbst zu errichten. Der Entotto, heute ein von Eukalyptuswäldern bedeckter Wallfahrtsort mit nur wenigen Bewohnern, war gut gewählt: ein strategischer Aussichtspunkt, leicht zu verteidigen und am Nordrand der noch zu erobernden Südprovinzen gelegen. Der König betrachtete seinen Ingenieur als einen Mann, der alles zu können hatte. Seine ersten Tätigkeiten bestanden in der Reparatur von Waffen und der Herstellung von Gewehrschäften, bald kam auch die Erzeugung von Pulver und Munition dazu.

»In der Werkstatt sitzt er an der prosaischen Drehbank und muß für den Kaiser aus Elfenbein Füße für ein kostbares Bett drehen. Oder er erstellt ein Domino oder Schachbrett für die kaiserliche Familie, die immer ein Anliegen hatte.«[36] Die Verpflegung ließ zu Beginn zu wünschen übrig, wenn der Herrscher abwesend war, vernachlässigten die Unterbeamten nicht selten ihre Pflichten. Nach Reklamationen lieferte der Hof dann aber genügend Korn, Teff (eine nur in Äthiopien vorkommende Getreideart, aus der das Nationalgericht Inshera zubereitet wird), Kaffee, Tabak, Zwiebeln, Pfeffer, Butter, Erbsen, Hühner, Ochsen, Honigwein und Wachskerzen; elektrisches Licht gab es noch nicht. Bald traf auch aus Europa Kartoffelsaatgut ein, das im subtropischen Höhenklima gut gedieh. Nach einiger Zeit erhielten Ilg und seine Landsleute Bauernhöfe als eine Art Lehen, das sie von den Hoflieferungen unabhängig machte. »Lästig wurden die vielen Besuche von Eingeborenen. Täglich kamen Leute mit allerlei Gebrechen und verlangten Arzneimittel, so daß die mitgebrachte Apotheke schwer in Anspruch genommen wurde. In seiner Gutherzigkeit wurde Ilg natürlich mißbraucht, da er sich nur schwer entscheiden konnte die zudringlichen Abessinier barsch abzuweisen.«[37]

Ilg widerstand aber nach seiner eigenen Aussage der Gefahr, wie andere Europäer in Äthiopien, so etwa der französische Schriftsteller Arthur Rimbaud in Harar, zu »verabessinieren.«[38] Trotzdem lernte er binnen weniger Monate das Amharische, die Landessprache von Zentraläthiopien. Da es weder Lehrer noch eine brauchbare Grammatik gab, kam er auf die Idee einfach die deutsche Bibel mit der amharischen zu vergleichen und sich so die nötigen Kenntnisse als Autodidakt anzueignen. Und der Kontakt mit Europa und der Schweiz sollte nicht

---

36. Keller, Ilg, S. 26.
37. Ebd., S. 39.
38. Ebd., S. 39f.

abreißen, schon deswegen nicht, weil der König alles wollte, was die Industrieländer zu bieten hatten um sein Land technisch zu entwickeln.

Ilg hatte fünftausend Franken Jahresgehalt zugesichert erhalten, der Vertrag war vorerst auf drei Jahre befristet, das Salär beinhaltete aber auch die Reisespesen. Und Ilg reiste von 1878 bis 1906 viele Male in die Schweiz: 1882, 1887, 1891, 1893, 1902 und 1906, dann für immer. Diese Urlaubsreisen waren in Wirklichkeit keine; sie wurden ausgefüllt mit geschäftlichen Dingen: Fabriken mußten besucht, Handelshäuser abgeklappert werden um Werkzeuge, Maschinen – und Waffen – einzukaufen oder einen wertvollen Mantel für die Königin Taitu.

Vom dritten »Heimaturlaub« (Menelik II. war zu dieser Zeit bereits »König der Könige«) existiert ein ausführlicher Bericht über die Route von Zürich zum Entotto. Die Reise dauerte vom 10. September bis zum 15. November 1892, nur etwas mehr als zwei Monate, allerdings immer noch mit den gleichen Verkehrsmitteln: Bahn von Zürich nach Marseille, Schiff bis zum Horn von Afrika und Kamelkarawane in die Residenzstadt. Erst bei den letzten zwei Reisen konnte der Staatsminister die äthiopische Bahn von Dschibuti nach Dire-Dawa benutzen[39]:

»Bei trübem Himmel und in melancholischer Stimmung fuhr ich ... am 10. September unter neuerlich viel Glückwünschen von Zürich ab und langte nach vierundzwanzig Stunden gerädert ... in Marseille an. Ich durchrannte dasselbe um Vergessenes nachzuholen nach allen Richtungen und wurde von all dem so stumm, daß ich mich unter wahrer Todesverachtung der »Amagone« in die Arme warf, die sanft sich wiegend mir das moralische Gleichgewicht im Nu herbeizauberte. Die Meerfahrt war wundervoll, das Meer spiegelglatt und es waltete eine frohe Stimmung (sechs sechzehn- bis vierundzwanzigjährige Damen an Bord lenkten unsere Gedanken ins Unendliche). Es folgten Wirbelsturm im kaleidoskopischen Port Said, Schneckengang im Canal, blaue Brillen (Sonnenbrillen?) überall. Suez begrüßen wir aus der Ferne, arabische Händler plündern uns in der Nähe, weiter geht's ins Rote Meer, das seinen Namen davon hat, daß es nicht rot, sondern tiefblau ist. Große Hitze und noch viel größerer Durst und viertägige schreckliche Langeweile plagen uns trotz Jass (ein alemannisches Karten-

---

39. Kantonsbibliothek Vadiana, St. Gallen. Abschrift eines von Ilg verfaßten Reiseberichts vom 03.11.1892.

spiel)⁴⁰ und anderen Dingen. Selbst die Delphine sind zu faul Unterhaltung zu spenden; allabendlich allgemeines tief gefühltes Uff bei Sonnenuntergang. Endlich am 10. Tag Obok⁴¹ in Sicht und mit ihm Bab-el-Mandeb, ein seltsames Phänomen. Das Meer ist plötzlich rostbraun. Tote Fische aller Arten, Seeschlangen und ähnliches Gesindel schwimmen leblos auf der Wasseroberfläche. In Obok erhalten wir die Kunde, daß die dortige Behörde über zwanzig Tonnen tote Fische vom Hafen ... hatte wegführen und vergraben lassen. Trotzdem abscheulicher Geruch und Konsternation in allen Kreisen. Wie wir erfahren konnten, waren namentlich der Golf von Aden und am Tadschura von dieser sonderbaren Erscheinung überrascht, wurden die seltsamsten Vermutungen über die Ursache geäußert. Mir scheint das Phänomen seine Ursache (in) einer unterseeischen vulkanischen Eruption zu (haben) und zwar um so mehr als nach vier Tagen das Meer allmählich seine rote Farbe verlor, zuerst gelblich und nachher wieder blau wurde. Selbst Haifische, Delphine und Sägefische waren tot an den Strand geworfen worden. Viele Leute glaubten sogar an eine Übertragung von Cholera auf die Fische, und deshalb hatte die Regierung von Obok den Verkauf von Fischen, Austern usw. untersagt. Wir fanden während unseres Aufenthalts brillante Aufnahme von Seiten der Behörden ..., die Überfahrt nach Dschibuti erfolgte auf dem französischen Kriegsschiff »l'Etiole«, ... sehr comfortabel.⁴²

Nicht minder festlich und freundlich war der Empfang durch die europäische Colonie ... Dann folgte das Arrangement der Caravane und zwar Kopf über Hals, weil die Kamele schon warteten. Die Hitze war fürchterlich, das Trinken von gekochtem, destillierten und filtrierten Wasser mit allen möglichen Spiritualien versetzt bewirkte trotz fürchterlichen Schwitzens nur wenig. Die Cholera war zwar verschwunden, indessen war den heimtückischen Mikroben, insbesondere dem bazillus cholericus africanus etc. halt doch noch immer nicht zu trauen.

Am 1. Oktober erfolgte die Abreise ins Innere mit (unter anderem) zwei Kamellasten Thee, drei Kamellasten Spirituosen in verschiedenen

---

40. Wer die Begleiter Ilgs waren, geht aus dem Bericht nicht hervor. Es dürfte sich aber um Schweizer gehandelt haben (»Jass«).
41. Dschibuti, seit 1862 französisch (Hahn, Äthiopien S. 16). Es ist sehr aufschlußreich, daß Ilg nicht den näheren Weg über Massaua, seit 1882 italienisch, nahm. Die Beziehungen zwischen Äthiopien und Italien waren wegen des Wichale-Vertrages (Kapitel 6) bereits äußerst angespannt.
42. Ilg war nicht nur Techniker und Diplomat, er war auch höchst sprachbegabt.

Nuancen. Nun ging's bei steigenden Temperaturen bergan. Am dritten Tag machte man die höchst unangenehme Entdeckung, daß die Zuckerprovision vergessen worden sei. Deshalb fürchterliche Grimassen beim Durstlöschen (bitte probieren Sie Thee ohne Zucker mit faulem Wasser mit Zusatz von irgend welchem Schnaps, dazu zehntägige Übung betreffs Verminderung der Sensibilität gewisser Partien (wegen des Sitzens auf dem Kamelrücken) ... Zu allem kam die Begegnung mit einer Caravane, die am Abend hier einen tödlichen Cholerafall gehabt. Sofort war die Lagerlust in ihrer Nähe verschwunden. Sehr stolzes Benehmen unsererseits, als man uns etwas zu trinken offeriert; furchtbar fleißiges Händewaschen nach dem unvermeidlichen Abschiedshändedruck. Später vergebliches Bemühen, durch alle möglichen Themata die verfluchten Mikroben aus dem Schädel zu vertreiben; melancholische Stimmung und schließlich teils entrüstete, teils heitere Todesverachtung.

Am 11. October langten wir in Dscheldessa, dem ersten abessinisch-somalisch-danakilisch-arabischen Dorf an. Hier wurde uns die erfreuliche Nachricht zuteil, daß in Harar, wohin wir fast unumgänglich gehen mußten, die Cholera mehr wüte als je. Nun Verlängerung aller Gesichter um zirka fünfzig Prozent, leichtes allgemeines Frösteln, unlogische Behauptungen eines jeden keine Spur von Durst zu haben trotz 39-40 Grad Celsius im Schatten.

Morgens darauf begann die steile Partie im Berg, der steiler geworden zu sein scheint, so langsam bewegt die Karawane sich vorwärts. Man einigt sich einen Courir voraus zu schicken um Erlaubnis zum Eingang in Harar, das noch etwa sechs Stunden in Luftlinie vor uns war, zu erwirken. Nach überraschend geduldigem Abwarten bei allgemeinem Bedauern mit dem armen Courir, den wir nach unserer Meinung in Lebensgefahr geschickt, kehrte derselbe nach vierundzwanzig Stunden zu uns zurück. Begreifliche Spannung bei Entzifferung der abessinischen Hieroglyphen[43], noch begreiflicheres Mißtrauen bei der Meldung: Von der Cholera fast keine Spur mehr, so schnell als möglich kommen. Dann fehlte es nicht an genauem Ausfragen, dann allgemeines, erleichtertes Aufatmen und schließlich unverzüglicher Entschluß, komme was da wolle, mit Mut und Zuversicht der Gefahr ins Auge zu schauen.

---

43. Die äthiopische Schrift hat sich aus dem griechischen Ostrom-Alphabet entwickelt, aber mit differenzierten Zeichen für die Konsonanten, so daß die sechsundzwanzig Buchstaben auf das Achtfache anwuchsen.

Durch ein fünfhundert Mann (zählendes) Truppen(aufgebot) pompös zum Gouverneur hinein escortiert finden wir denselben[44] höchst erfreut über unser gesundes Aussehen und fast noch mehr über unsere Geschenke; brachte ihm mein Begleiter (Chefneux?) doch den Orden des »grand officiers de la légion d'honneur« und dem Kaiser Menelik II. den höchsten Orden, das Großkreuz der Ehrenlegion. So lieb waren wir ihm geworden, daß wir fast drei Wochen bei ihm blieben und erst vor zwei Tagen gelang es uns endlich seiner überschwenglichen Liebe Einhalt zu tun und unseren Weg Richtung Schoa zu nehmen. Wir hoffen bis zum 15. November Seiner Majestät in Entotto unsere Ergebenheit persönlich bezeugen zu können.[45] Zum Glück herrscht überall Friede und Eintracht trotz der abenteuerlichen Gerüchte und (wir) hoffen mit dem überstandenen Schrecken davon gekommen zu sein. Und heute gilt neuerdings mehr denn je: Bange machen gilt nicht. Von Abessinien Fortsetzung.« Diese fehlt leider.

---

44. Harar, ein früheres Scheichtum unter türkisch-ägyptischer Oberhoheit, befand sich seit 1887 im Besitz Äthiopiens. Der Gouverneur war Ras Makonnen, ein Verwandter Kaiser Menelik II. und einer der führenden Großen des Landes.
45. Im November 1892 war Addis Abeba bereits offizielle Hauptstadt, Menelik II. residierte aber immer noch auf dem Entotto, da der neue Gibbi unten im Tal nicht vollendet war.

Kapitel IV
Kaiser Menelik II. – Der Aufstieg eines Territorialherrschers

Menelik, Prinz von Schoa im äußersten Süden des Landes gelegen, zählte elf Jahre, als Kasa Hailu unter dem Namen Tewdoros II. (1855-68) den Thron von Äthiopien usurpierte. Schon 1846 hatte Ägypten den Ort Massaua im heutigen Eritrea besetzt, und der Khedive Ismael in Kairo trachtete im Namen der türkischen Oberherrschaft nach den Quellen des Blauen Nil.[46] Werner Munzinger-Pascha ließ die Bogosländer besetzen, auf die Äthiopien Anspruch erhob. Als der »Architekt der ägyptischen Expansion« 1875 in Afar ums Leben kam, hinderte dies Ismael nicht, seine Eroberungsversuche im äthiopischen Grenzland fortzusetzen, allerdings ohne bleibenden Erfolg. 1876 errang die äthiopische Armee, bereits unter Kaiser Joannes IV. (1871-89) einen weiteren Sieg über die Ägypter. 1877 wurde der legendäre englische General Charles Gordon Gouverneur von Khartum, doch dann wollten die Mahdisten keine Fremden mehr im Land dulden, aber gleichzeitig die ägyptische Eroberungspolitik fortsetzen. 1889 siegten die Äthiopier bei Metemma im Norden des Landes gegen den Mahdi, doch der Nagusa Nagast fiel in der Schlacht.

Damit betrat der fünfundvierzigjährige Menelik, der mit seinen beiden Vorgängern in sehr wechselvollen Beziehungen gestanden hatte, als Kaiser kraftvoll die politische Bühne, nicht nur Äthiopiens, sondern auch die der europäischen Kolonialmächte. Wie war es dazu gekommen, daß ein Landesfürst, so hätte man ihn im Heiligen Römischen Reich Deutscher Nation nach 1648 genannt, als Schöpfer des modernen Äthiopien und als Sieger über die Italiener in die Geschichte einging?

Menelik, ursprünglich Sahle Marjam genannt, wurde am 19. August 1844 als Sohn von König Haile Malakot aus der Familie der Salomoniden und einem armen, aber ob ihrer Schönheit vergötterten Mädchen namens Edgeguayehou geboren.[47] Sein Großvater Sahle Selassie segnete den Knaben und sagte ihm eine große Zukunft voraus.[48] Um die

---

46. Zewde, Ethiopia, S. 126ff.: »All his life he (Tewdoros) regarded the Turk ... as Enemy Number One.«
47. Marcus, Menelik, S. 7.
48. Keller, Ilg, S. 27.

Mitte des 19. Jahrhunderts sah es aber keineswegs danach aus. Schon als Elfjähriger verlor er den Vater und ein Jahr später besetzte Kaiser Tewdoros Ankober und beendete damit die faktische Unabhängigkeit des schoanischen Königreichs. Der Kaiser nahm den Prinzen, seine Mutter und die führenden Männer des Staates als Geiseln in die Reichshauptstadt Gondar.[49] Dort diente dieser als Page, heiratete die Tochter des Kaisers und floh mit ihrer Hilfe 1865 nach Schoa, das er 1868 wieder für sich gewann. Menelik »... als streitbarer Herrscher seinem Großvater ähnlich, brachte die meiste Zeit auf Kriegszügen zu und erwarb sich bei der Bevölkerung den Ruf eines tüchtigen Feldherrn. Ein feindlicher Gallafürst, der noch unbesiegt war, rannte eines Tages mit erhobener Lanze ins Lager von Menelik, steckte sie vor seinen Füßen in den Boden und sagte: Ich hätte dich ruhig niederstechen können, aber ich beuge mich vor deiner Größe und will von nun an dein Freund sein.«[50]

Bereits zum Zeitpunkt des Todes von Kaiser Tewdoros war Menelik ebenso bekannt wie beliebt über die Grenzen seines Königreichs hinaus; die Äthiopier lieben charismatische Helden auch heute[51]. Noch begnügte er sich mit der Stellung des Unterkönigs, obwohl er bereits den Anspruch auf den Thron des Nagusa Nagast erhoben hatte. Er hielt sich deswegen einstweilen klug zurück, weil es in diesen Jahren in Schoa genug zu tun gab: die Reorganisation der Armee und der Verwaltung, aber auch die Stärkung der immer noch mehrheitlich auf Subsistenz basierenden Wirtschaft. König Kassai von Tigre unterwarf in den folgenden Jahren fast ganz Äthiopien und ließ sich als Joannes IV. 1872 zum Kaiser krönen. Um die Jahreswende 1877/78 erschien er mit einer starken Armee in Schoa und forderte die formelle Unterwerfung Meneliks sowie die Zahlung eines sehr hohen Jahrestributs: 500 Sklaven, 50'000 Maria-Theresientaler, 500 Maultiere, 1'000 Pferde, 50'000 Rinder und Tonnen von Korn, Fleisch und Butter; dazu die freie Passage nach Debre Libanos, dem Hauskloster der Salomoniden nördlich der heutigen Hauptstadt. Ferner sollte der Unterkönig mit nacktem Oberkörper und einem Stein auf den Schultern seine Unter-

---

49. Marcus, Menelik, S. 19.
50. Keller, Ilg, S. 28f.
51. Marcus, Menelik, S. 29. Menelik was much liked and would have found many friends among the garrison if he had been bold enough to commence operations.

werfung symbolisieren. Der Krieg der beiden bekanntesten Herrscher und Heerführer ihrer Zeit schien unvermeidlich.[52]

Menelik, der realistisch denkende König von Schoa, unterwarf sich jedoch ohne Kampf, durfte am 20. März 1878 zur Rechten des Kaisers sitzen, bekam außer seinem Teilreich auch den größten Teil der Wollo-Provinz übertragen, und der Tribut hielt sich in vernünftigen Grenzen. Beim Empfang des Tributs soll Joannes ausgerufen haben, daß er mit so vielen Geschenken nur heute ein wirklicher König sei.[53] Allerdings hatte Menelik dem Kaiser versprechen müssen, seine Armee gegen äußere Feinde zur Verfügung zu stellen. »Ein richtiges Gefühl sagte dem klugen Menelik, daß von diesem Moment an die Nachfolge von Joannes gesichert sei.«[54]

Während sich der Kaiser mit den Ägyptern und den immer zahlreicher werdenden italienischen Kolonialtruppen im heute eritreischen Hochland von Bogos herumschlug, betrieb Menelik in aller Ruhe den Ausbau seiner Herrschaft und den Aufbau seiner Länder. Und in noch etwas unterschied er sich vom Kaiser: Während dieser aus verständlichen Gründen den Weißen gegenüber skeptisch bis feindlich reagierte – auch die türkisch-ägyptischen Truppen standen oft unter dem Befehl von europäischen und sogar amerikanischen Generälen –, holte Menelik europäische Techniker ins Land wie Alfred Ilg weniger als ein Jahr nach der Versöhnung mit dem Kaiser.[55] Auch der Handel mußte zunehmend mit europäischen Mächten geregelt werden; das französische Obok war der natürliche Hafen für Schoa. Während Joannes sich mit den Italienern wegen Massaua nicht verständigen konnte, wurde für Menelik die französisch-äthiopische Companie gegründet, über diese erhielt er Waffen aus Europa, insbesondere von Frankreich und Italien, mit dem der König und spätere Kaiser vorerst gute Beziehungen pflegte; 1883 kam sogar ein förmlicher Handelsvertrag mit Rom zustande.[56] Kaiser Joannes konnte hier nicht mittun, da die Italiener Mas-

---

52. Marcus, Menelik, S. 53f.
53. Ebd., S. 54f. Vgl. Pankhurst, Gérard, Ethiopia photographed, S. 10f.: »The Shawa-based Christian monarchy unlike its Aksumite and Zagwé precedessors had no fixed capital.«
54. Keller, Ilg, S. 29.
55. Marcus, S. 59f. Vgl. Baykedagne Guebre H., L'empereur Menelik et l'Ethiopie, Addis Abeba et Paris 1993. Il ne voyait pas que son peuple allait disparaître à moins d'embrasser la civilisation européenne, et on ne peut pas l'en blâmer ... C'est pour cette raison qu'il (Menelik) craignit de faire venir des Européens comme conseillers.
56. Marcus, Menelik, S. 63.

saua im Jahr 1885 förmlich okkupierten, das der Haupthafen des alten axumitischen Reiches gewesen war. Dem Kaiser blieb der Erfolg auch deswegen versagt, weil er gegen Italien und die Mahdisten einen Zweifrontenkrieg führen mußte, und dies nur mit wenigen europäischen Waffen. Während dessen konnte Menelik zwischen 1883 und 1887 sein schoansches Königreich mit Wollega und Harar mehr als verdoppeln und gebot im Todesjahr des Joannes unmittelbar über ein größeres Gebiet als der Kaiser selbst.[57]

Schon im März 1888 waren die Mahdisten aus dem Sudan in die Provinzen Goddscham und Begemder eingefallen, wo sich die Quellen des Blauen Nil befinden. Menelik eilte dem Kaiser mit seiner Armee zu Hilfe, von den Soldaten litten allerdings viele unter Malaria, die versprochene italienische Hilfe von Eritrea blieb ebenso aus wie die Lieferung von fünftausend Remington-Gewehren. Dafür hatte Alfred Ilg nicht zum letzten Mal für Vetterli-Karabiner aus der Schweiz gesorgt.[58] Die Äthiopier entschieden die Schlacht von Metemma am 9. und 10. März 1889 westlich vom Tanasee zwar für sich, aber der Kaiser starb an seinen Verwundungen noch am Schauplatz der Kämpfe. König Menelik, der offenbar an der Schlacht selbst nicht teilnahm, erhielt erst am 25. März die Nachricht vom Tod des Herrschers. Flugs meldete auch der Sondergesandte Italiens, Antonelli – von dem wir noch hören werden –, daß Ras Alula und Ras Mikael kaum über Truppen verfügten, der Sohn des gefallenen Kaisers, Ras Mangascha, blieb unerwähnt, und daß sich Menelik bereits auf dem Weg nach Gondar zur Krönung befinde.[59] Tatsächlich marschierte er mit seiner Armee nach Goddscham, Begemder, Tigre, während sich die Italiener flugs in den Besitz von Keren und Asmara setzten und den designierten Kaiser im Abkommen von Wichale einen Vertrag unterzeichnen ließen – von dem noch viel die Rede sein muß –, dessen doppelter Sinn sieben Jahre danach zu einem spektakulären Waffengang führte.

Aber Menelik II. hatte am 3. November 1889 sein wichtigstes persönliches Ziel erreicht: Abuna Matewos, der oberste Kirchenherr des Reiches, krönte ihn in der Marienkirche auf dem Entotto, obwohl

---

57. Ebd., S. 105.
58. Ebd., S. 101, 107. »Wetterly-cartridges« dürften mit Vetterli-Gewehren (Karabinern mit Patronenmagazinen) aus der Schweiz verwechselt worden sein. Zewde, Ethiopia, erwähnt nicht nur den Vorgang nicht, Ilgs Name bleibt in seiner Arbeit von 1998 im Gegensatz zu dem Munzingers unerwähnt.
59. Ebd., S. 117.

Addis Abeba bereits die schoanische Hauptstadt war, zum König der Könige und zwei Tage später auch seine Gemahlin Tayitu. Daß Menelik II., dessen Name bewußt an den sagenhaften Gründer des antiken Reiches, Sohn Salomons von Jerusalem und Sabas von Äthiopien anknüpfte, nicht Axum als traditionelle Krönungsstätte wählte, war in mehrfacher Hinsicht bemerkenswert. Über die Gründe könnten Spekulationen angestellt werden: War Axum zu nahe der italienischen Einflußsphäre in Eritrea? War Nordäthiopien bereits von der »Großen Hungersnot« dieser Jahre heimgesucht? Fühlte sich der designierte Kaiser lediglich in seiner Bergfestung sicher, deren Wohnbauten ebenso noch stehen wie die Fundamente der Krönungskirche, Verschanzungen, Palisaden und Artilleriestellungen jedoch verschwunden sind? Wollte Menelik bewußt im Zentrum seines neuen Reiches die Krone aufgesetzt bekommen? An der Zeremonie nahmen auch die anwesenden Europäer teil, doch nur Alfred Ilg trug äthiopische Tracht. Hatte er den Herrscher entsprechend beraten?

Nach der Krönung informierte dieser den italienischen König, er hoffe durch Gottes Gnade und den Beistand seiner Freunde[60] alle Feinde zu besiegen, Äthiopien zu einigen und es zu einer großen Nation zu machen. Ein starker Herrscher war gerade jetzt gefragt, denn das Land steckte in einer schweren sozio-ökonomischen Krise ebenso wie der ganze Nordosten des Kontinents.[61] Typhus und Dysenterie töteten Vieh und Menschen zu Hunderttausenden, eine fürchterliche Hungersnot, Teuerung, Unruhen und eine Massenflucht in den Süden außerhalb der damaligen Grenzen waren die Folge. Menelik II. proklamierte am 27. Juli 1890, seine Landsleute sollten mehr beten, um inskünftig vor solchen Heimsuchungen verschont zu bleiben. Der Kaiser war ein gläubiger orthodoxer Christ, und das äthiopische Königtum verstand sich seit jeher als ein sakrales. Der Enkel und Nachfolger Meneliks Yasu wurde 1916 gestürzt, nachdem er ein Muslimmädchen geheiratet hatte und die Gleichstellung des Islam mit dem Christentum verwirklichen wollte.[62]

Die Äthiopier sollten aber laut der Meinung Meneliks auch fleißiger arbeiten, einbezogen die Soldaten zwischen den Feldzügen. Doch die Situation besserte sich erst, als Alfred Ilg 1892 wieder aus Europa

---

60. Zewde, Ethiopia, S. 163ff. Der Untertitel lautet »The great Ethiopian Famine (1888-1892)«.
61. Ebd., S. 163f.
62. Ebd., S. 174f.

zurückkehrte.[63] Aber obwohl Italien gerade wegen dieser Krise[64] die Stärke Äthiopiens gefährlich unterschätzte, blieb für das Reich die Tatsache, »... daß unter Umständen ein Land am raschesten vorwärts kommt, wenn es von einem aufgeklärten Despoten regiert wird, der mit einer guten Dosis demokratischen Öls gesalbt ist ... Und Menelik verstand sein Volk und liebte es.«[65]

Tatsächlich, der Kaiser war der Selbstherrscher der Äthiopier, der zwar Ratgeber, aber keine Regierung besaß; nicht einmal einen offiziellen Minister bis zur Ernennung Alfred Ilgs zum Staatsrat im Jahr 1897. Und er vereinigte alle drei Gewalten, die Montesquieu und die anderen Aufklärer im Europa des 18. Jahrhunderts getrennt und gegenseitig kontrolliert haben wollten. Auch wenn sich Menelik II. zu keinem Zeitpunkt scheute, die Truppen gegen innere und äußere Feinde einzusetzen, wenn es sich als notwendig erwies, so konnte er ein Herrscher von der Machtfülle eines Louis XIV. von Frankreich nicht sein, dazu waren Land und Bewohner zu verschieden. Den Äthiopiern ging es schon damals so, daß Familie und Diskurs einen hohen Stellenwert einnahmen. »Der Herrscher, theoretischer Autokrat, war in Wirklichkeit gezwungen sich einer Vielzahl von Einflußfaktoren anzupassen, ja bisweilen unterzuordnen. Partikulare Interessen der schoanischen Aristokratie standen im Gegensatz zu einer eher imperial ausgerichteten Strategie des Klerus, beide Gruppierungen wiederum standen in einem Spannungsverhältnis zu ... Ras Gobena, der sich aus der Galla-Aristokratie[66] hervorgehend mit seiner Kavallerie eine mobile Machtbasis geschaffen hatte, zugleich aber als einer der loyalsten Generäle Meneliks galt.«[67]

Neben diesem spielten auch die Ras[68] Tasamma, Wolde Giyorgis und vor allem Ras Makonnen (der Vater des letzten Kaisers Haile Selassie I.) als Militärs und Gouverneure eine bedeutende Rolle. Der letzte, seit 1887 Statthalter der gerade gewonnenen Provinz Harar, stand dem

---

63. Vergleiche Kapitel 2.
64. Marcus, Menelik, S. 135; Zewde, Ethiopia, S. 163.
65. Keller, Ilg, S. 30.
66. Gallastämme, heute Oromo genannt. Sie wohnen hauptsächlich in Südäthiopien, machen etwa die Hälfte der Bevölkerung aus und besitzen eine eigene Sprache neben der Staatssprache Amharinia und dem Tigrayinia.
67. Loepfe, Alfred Ilg und die äthiopische Eisenbahn, Zürich 1974, S. 10.
68. »Ras« bedeutet etwa Herzog aus königlicher Abstammung, aber auch Provinzgouverneur.

Kaiser als Cousin, erster Vertrauter und inoffizieller Außenminister von allen Äthiopiern wohl am nächsten.[69]

Menelik II. kannte gegenüber Europäern keine Vorurteile und verkehrte gesellschaftlich gern mit ihnen: mit Forschern, Missionaren und Diplomaten, auch wenn er auf diesem Gebiet hie und da sehr schlechte Erfahrungen machen sollte. Kein anderer Europäer spielte aber während der Regierungszeit des Kaisers so lange eine so bedeutende Rolle wie der Thurgauer Alfred Ilg.[70]

Der Kaiser vereinigte nicht nur das oberste Herrscheramt als Regent, Gesetzgeber und oberster Richter in seiner Person, er betätigte sich auch als Großkaufmann. Bereits in Ankober bestand ein großer Teil des Gibbi aus Magazinen, auf dem Entotto und gar in Addis Abeba nahm die merkantile Tätigkeit einen noch größeren Umfang an. Eine der bedeutendsten west-östlichen Handelsrouten Afrikas führte über äthiopischen Boden von Harar nach Dschibuti. Eingehende Tribute aus den Provinzen kontrollierte der Herrscher persönlich: Zimt und Kaffee aus Kaffa, Felle aus Sidamo, Gold aus Wollega, Salz aus dem Danakil, Elfenbein aus Bale und Gamugofa. In den Lagerhäusern des kaiserlichen Hofes gab es nichts, was es nicht gab. »Als man bei der Errichtung der elektrischen Beleuchtung für Addis Abeba etwas im Draht zu kurz kam, verfiel man auf die Idee das Warenlager des Kaisers zu durchsuchen und fand wirklich fünfhundert Meter Kupferdraht neben einer größeren Anzahl von Isolatoren.«[71]

Als Nagusa Nagast überließ er die Geschäfte im Einzelnen seinen Mittelsmännern. So erhielt Alfred Ilg, auch als er bereits als Staatsminister amtete, immer wieder Aufträge zum Verkauf von Waren, von Pfannen bis zum kostbaren »weißen Gold«. Den Gewinn verwendete Seine Majestät dann für die Hofhaltung und für den Einkauf in Europa: Werkzeuge, Maschinen und Waffen, ganze Schiffsladungen voll.

Menelik II. interessierte sich überdies für alles, was mit Technik und Wissenschaft zusammenhing, von neuen Waffen über alle Arten von Maschinen hin bis zur Astronomie und Geographie, von einer von ihm selbst kreierten Geheimschrift bis zur heimischen Pflanzen- und Tierwelt. Elephanten etwa durften nur mit seiner persönlichen Erlaubnis

---

69. Zewde, Ethiopia, S. 155, 170. In the same year (1906) his cousin, right-hand-man and unofficial foreign minister Ras Makonnen died.
70. Marcus, Menelik, S. 59. Ilg more than any other European, was to play a significant role in Ethiopian History during Menelik's reign.
71. Keller, Ilg, S. 33.

erlegt werden, und dann gehörte ihm jener Stoßzahn, der zuerst den Boden berührte[72]. Ilg schildert selbst seine erste Elephantenjagd, 1886, in einem Brief an seine Mutter[73]: »Vergangenen Oktober (1885) fiel es uns nämlich ein, einmal auf die berühmte Elephantenjagd zu gehen und das Resultat könnt ihr sogar im Conterfei sehen. In Gesellschaft von H. Hénon verreisten (wir) von hier nach dem fünf Tagreisen weiten Mareko, einer ungeheuer stark bewaldete Tieflandebene, um mir die Elephanten einmal in Freiheit zu besehen. Kaum in Mareko angekommen, fanden wir ein ganzes Dorf in ungeheurer Aufregung, weil eben wieder ein Mann am hellen Tage von einem Löwen fortgetragen worden war. Natürlich waren wir sofort mit unseren Elephantengewehren, die uns der König und ein Freund geliehen, hinter der Bestie her zum großem Entsetzen der Eingeborenen. Trotzdem (wir) aber drei Stunden lang den zahlreichen Spuren nachgingen, bekamen wir das Vich nicht zu sehen, sei es, daß es Pulver gerochen oder indessen in einem Busch gemüthlich seine Siesta hielt. Etwas ärgerlich reisten (wir) etwas weiter und kamen gegen Mittag an einem Ort an, wo man uns versicherte, die Elephanten spazierten wie Hasen herum. Kaum hatten (wir) unsere Zelte plaziert, gingen wir mit vier bewaffneten Dienern etwas auf die Recognoszierung. Nach einem stündigem Marsche entdeckten die Eingeborenen ein halbes Dutzend dieser dicken Poltryderien (?) gemüthlich weidend. Ihr könnt Euch denken, mit welcher Neugierde (wir) die Dinger erst von ferne (etwa ein Kilometer) musterten. Trotz allem Abrathen der drei Eingeborenen schlichen wir hurtig hinter die Büsche und näherten uns sachte den ungeschlachten Gesellen. Zur Verschönerung der Situation fing es an zu regnen und zu donnern als ob es Ernst gälte. Trotzdem (wir) in fünf Minuten bis auf die Knochen eingeweicht (waren), wateten (wir) in sechs Fuß hohem Gras geduldig weiter unserem Ziele entgegen, woselbst aber angelangt, (wir) wohl die unleugbaren Spuren unseres Wildes, nicht aber diese selbst fanden. Sofort verfolgten (wir) die breite Bahn, welche die Elephanten breitgetreten, als plötzlich ein ungeheurer Donnerschlag nicht nur uns, sondern wie es scheint auch die ersteren derart erschreckten, daß sie in vollem Trolle wieder zurück und auf uns zu humpelten. Die Situation fing an höchst ungemütlich zu werden und (ich) kann mich heute des Lachens nicht wenn (ich) daran denke, wie jeder den Rückzug zu nehmen suchte. Aber in diesem ungeheuren Gras, in welchem wir

---

72. Marcus, Menelik, S. 59. Vgl. mündliche Mitteilung Iris Zwicky, Zürich 1999.
73. Siehe Originalbrief am Ende dieses Kapitels, S. 53-59.

Großen kaum die Köpfe sahen, war die Sache leichter gedacht als gemacht, nach wenigen Schritten sah jeder das Unmögliche ein und machte ein möglichst dummes Gesicht. Die Elephanten unterdessen mit ihren fünfmetrigen Schritten waren uns schon so hart auf den Fersen, daß wir in jenem Moment an alles eher als ans Lachen dachten. Schon war ein ungeheurer Elephant mir auf zehn Meter nahe und (ich) wollte ihn eben eine der beiden Kugeln in die Nase schicken als nungleich unsere drei braven Merokener so fürchterlich zu schreien anfingen, daß die Elephanten selbst eine Viertelwendung machten und sämtliche fünfzehn Stück, einer hinter dem anderen, auf fünfzehn Schritt Distanz an uns vorbei humpelten. Da wir erst nur sechs gesehen, waren wir nicht wenig verblüfft, als dieser Gänsemarsch gar kein Ende nehmen wollte und (ich) gebe Euch mein Ehrenwort, daß (wir) erst wieder anständig schnauften, als (wir) den Schwanz des letzten gesehen (hatten). Es waren bis auf fünf Meter hohe Tiere, ungeheure Colosse, so daß wir nach diesem ersten unblutigen Rendevou etwas kleinlaut meinten, wenn unsere Kugeln nur etwas größer wären, trotzdem ich ein Caliber 10 und Itenoa ein Caliber 12 in Händen hatten.

Nachdem das erste Jagdfieber ein bißchen nachgelassen (hatte), was zu unserer Ehre gesagt nicht lange dauerte (der strömende Regen mag auch etwas geholfen haben) gingen (wir) nochmals couragiert, wenn auch etwas behutsamer, hinter unseren Elephanten her. Offen gesagt fingen wir uns an zu fürchten, sie möchten uns mit ihren Füßen die Hühneraugen vertreten oder uns mit ihren Rüsseln etwa gar an die Ohren nehmen. Noch dreimal sahen (wir) dieselben ohne sie schußgerecht zu haben, als endlich Itenoa hinter einem ungeheuren Busche einen Rüssel in die Höhe ragen sah. Mich rufen und beide rasch um den Busch herum (gehen) war das Werk eines Augenblicks. Richtig, da stand unser Opfer und philosophierte über die nassen Zeiten, es regnete nämlich immer noch. Im Nu waren beide Gewehre an der Schulter, ça y est rufe ich, wie ein neuer Donnerschlag krachen unsere beiden Schüsse zusammen. Langsam neigte sich unser Coloss auf die Seite, um schwerfällig ins Gras zu plumpsen. Wir übrigens sahen dem Ding nicht lange zu, denn hinten und rechts, vornen und hinten krachten die Bäume und Gebüsche von den erschreckten Flüchten der Thieren, daß einem Sehen und Hören verging. Am Fuße eines ungeheuren Baumes warteten (wir) ab, bis Alles ruhig geworden (war) und gingen dann, nachdem (wir) mühsam mit den durchnäßten Cartouchen wieder geladen (hatten), vorsichtig auf unseren Elephanten zu. Da lag er und muxte nicht mehr, eine Kugel im Kopf, die andere im Schulterblatt. Mit einem Hurrah erstiegen (wir) den Bauch und dort droben auf diesem Elephanten beglückwünschten wir uns gegenseitig, denn daß ein Elephant durch Schüsse falle, war hier unerhört. Auch sind die eingeborenen bis heute überzeugt, daß wir den unseren mit Medicin umgebracht haben. Unser Elephant war ein Weibchen, über dreieinhalb Meter hoch, an den Brüsten, in welchen Milch in Masse war, konnten (wir) annehmen, daß einer der kleinen Elephanten die wir gesehen, ihr Junges gewesen. Übrigens hatte sich dieses mit den anderen aus dem Staube gemacht. Da es unterdessen anfing spät zu werden, ließen (wir) unseren Elephanten wo er war, denn zum Wegtragen war er doch etwas schwer, konnte ich doch kaum einen Fuß vom Boden wegbringen und (wir) kehrten heimwärts. Am folgenden Morgen in aller Frühe machten (wir) uns wieder auf und zwar mit unserem photographischen Apparat und machten den Helgen, den Ihr vor Euch habt. Elephantenjäger, die noch photographieren zur Stelle sind *rar*. Leider waren die Zähne klein und ich werde sie Euch in Natura zeigen. Aber noch etwas Geduld müßt Ihr haben, ich mußte sie auch haben... Falls Ihr die Photographie aufklebt, thut es nicht mit saurem Kleister, sonst geht sie verloren resp. sie verdirbt...« Allerdings waren Menelik und Ilg nicht nur Elephantenjäger, sondern von ihnen stammen die ersten Wildschutzverordnungen und sie waren auch die Initiatoren zur Aufforstung mit Eukalyptusbäumen.

Und der Kaiser verfügte über eine Art von feinem Humor, nicht unwichtig für einen Herrscher über so viele verschiedenartige Völker. In den neunziger Jahren sandte Frankreich Capitaine Langbois mit einer Mission nach Äthiopien. »Man scheint damals den äthiopischen Herrscher noch als etwas minderwertig, als eine Art gewöhnlichen Negerfürsten eingeschätzt zu haben. Das ... ging ziemlich deutlich aus den Geschenken hervor, die in einer alten Hinterladerkanone und einer Musikdose bestanden ... Langbois, offenbar kein großer Pfiffikus, erlangte eine Audienz bei Menelik und überreichte seine Gaben, indem er wiederholt darauf hinwies, daß man mit der Kanone Bum-Bum machen könne. Als ob Menelik noch nie einen Kanonenschuß gehört hätte. Auch die Musikdose wurde in Tätigkeit gesetzt. Menelik bemerkte ironisch, es sei wirklich nett von der französischen Regierung, daß sie auch an sein Enkelkind gedacht habe, das Freude an der Musik bekunde und lud den Kapitän dann ein, sein Arsenal zu besichtigen, worin ein schöner Vorrat der ... modernsten Kanonen beisammen war.

Der Abgesandte schien nachgerade etwas zu merken und sagte zu Alfred Ilg: Il me semble que Menelik se fiche de moi.«[74]

Neben einer unermüdlichen Schaffenskraft und Offenheit verband schließlich auch der Humor den Kaiser mit Ilg. Dieser besaß ein eigenes Wachsbüchlein mit stenographierten Witzen, das er ständig bei sich trug.[75]

---

74. Keller, Ilg, S. 34.
75. Ilg-Archiv, Zürich.

Ankober, den 2 Dez 1886

Theuere Mutter
Liebe Schwester & Schwager:!

Mit Freuden benütze die freundliche Offerte des Grafen P. Antonelli, einige wenige Briefe durch seinen Courier an die Küste u. Europa zu spediren. Wie ich hoffe, habt Ihr meine Achten Zeilen vom Juli durch einen Courier der H. Savouré & Audon erhalten. Von Euch aber leider schon wieder 8 Monate ohne irgend ein Lebenszeichen, ich hoffe zu Gott, daß bei Euch Alles gesund sei, wie wir Alle Gott sei Dank.

Soeben haben wir vernommen, daß u. der Herr P. Soleillet den 10. Sept. in Aden gestorben, ein weiteres Opfer dieses unglücklichen Continents. Auch vernehmen wir daß Herr Labatut krank wieder nach Europa verreist, so daß heute gar keine Hoffnung mehr haben können, weder Effekten noch Briefe über Zeila & Obok zu erhalten; der einzige Weg der uns noch offen bleibt, ist derjenige von Assab durch den H. Grafen Antonelli. Uebrigens sind

Zimmermann & ich entschlossen, Ende Januar oder
Anfangs Februar von hier zu verreisen, so daß Ihr Euch
also auf baldigen Besuch gefaßt machen könnt und
also auch Effekten uns an der Küste noch willkom-
mener sein werden, als hier. Puncto Kleider & Schuhe
sind wir auf dem Äußersten, Appenzellerkleid eines,
weilen noch hier. Mit dem König sind wir einig,
bis auf den heiklen Geldpunct, doch hoffen wir auch hier,
uns verständigen zu können.
Wahrscheinlich werdet Ihr mit nicht geringer Neugierde beiliegende Photographie begucken. Vergangenen October fiel es mir nämlich ein, einmal
auf die berühmte Elephantenjagd zu gehen u. das
Resultat könnt Ihr sogar im Conterfei sehen.
In Gesellschaft von R. Hüni verreiste von hier nach
dem 5 Tagereisen weiten Marcko, eine ungeheure
stark bewaldete Tiefland ebene, um mir die Elephanten einmal in Freiheit zu besehen. Kaum in Marcko
angekommen, fanden wir ein ganzes Dorf in ungeheurer Aufregung, weil eben wieder ein Mann an
hellem Tage von einem Löwen fortgetragen worden war.
Natürlich waren wir sofort mit unsern Elephanten,
gewehren, die uns der König z. u. ein Freund geliehen,

hinter der Bestie her zum großen Entsetzen der Eingebornen. Trotzdem aber 3 Stunden lang den zahlreichen Spuren nachgingen, bekamen wir das Vieh doch nicht zu sehen, sei es, daß es Pulver gerochen oder in einem Busche gemüthlich seine Siesta hielt. Etwas ärgerlich reiten wir etwas weiter u. kamen gegen Mittags an einen Orte an, wo man uns versicherte, die Elephanten spazieren wie Hasen herum. Kaum hatten unsere Zelte platziert, gingen wir mit 4 bewaffneten Dienern etwas auf die Recognoscierung. Nach kaum stündigem Marsche entdeckten die Eingebornen ein halbes Dutzend dieser dicken Pachydermen gemüthlich weidend. Ihr könnt euch denken, mit welcher Neugierde die Dinger erst von ferne (etwa 1 Kilometer) musterten. Trotz allem Abrathen der 3 Eingebornen schlichen wir hurtig hinter die Büsche u. näherten uns sachte den eingeschlachteten Gesellen. Zur Verschönerung der Situation fing es an zu regnen u. zu donnern, als ob es Ernst gälte. Trotzdem in 5 Minuten bis auf Knochen eingeweicht, watete ich in 6 Fuß hohem Gras geduldig weiter unserem Ziele entgegen, woselbst aber angelangt, wohl die unverkennbaren Spuren unseres Wildes, nicht aber dies selbst fand. Sofort verfolgten die breite Bahn, welche sich die Elephanten

dem Tritt getreten, als plötzlich ein ungeheurer Donnerschlag nicht nur uns, sondern wie es scheint auch die erste ren derart erschreckte, daß sie in vollem Trotte wieder zurück u. auf uns zu humpelten. Die Situation began fing an, höchst ungemüthlich zu werden & kann ich mich heute des Lachens nicht erwehren, wenn daran denke, wie jeder den Rückzug zu nehmen suchte. Aber in diesem ungeheuren Gras, in welchem wir Großen uns kaum die Köpfe sahen, war die Sache leichter gedacht als gemacht, auch nach wenigen Schritten sah jeder das Unmögliche ein u. machte ein möglichst dummes Gesicht. Die Elephanten unterdessen mit ihren fünfzackigen Schritten waren uns schon so hart auf den Fersen, daß wir in jenem Moment an Alles eher als ans Lachen dachten. Schon war ein ungeheurer Elephant mir auf 10 Meter nahe u. wollte ihm eben meine beiden Kugeln in die Nase schicken als zum Glück unsere 3 braven Marokaner so fürchterlich zu schreien anfingen, daß die Elephanten selbst paff eine Viertelswendung machten u. sämmtliche 15 Stück, einer hinter dem andern, auf 15 Schritte Distanz an uns vorbeihumpelten. Wie wir erst nur sechs gesehen, waren wir nicht wenig verblüfft als dieser Gänsemarsch gar kein Ende nehmen wollte, u. gebe ich Euch mein

Ehrenwort, daß erst vorder anständig schnaufte, als sein Schwanz des Letzteren gesehen. Es waren bis auf 5 Meter höhe Thiere, ungeheure Colosse, so daß wir nach diesem ersten unblutigen Rencontre etwas kleinlaut wurden, wenn unsere Kugeln nur etwas größer wären, trotzdem ich eine Caliber 10 u. Henoir eine Caliber 12 in Händen hatte. Nachdem das erste Jagdfieber ein bischen nachgelassen, was zu unserer Ehre gesagt, nicht lange dauerte (der strömende Regen mag auch etwas geholfen haben) gingen nochmals courageort, wenn auch etwas behutsamer, hinter unseren Elephanten her. Offen gesagt, fingen an zu fürchten, sie möchten uns mit ihren Füßen vor Einer die Hühneraugen vertreten oder uns mit ihren Rüßeln etwa gar an den Ohren nehmen. Noch 3 mal sahen dieselben ohne sie schuß gerecht zu haben, als endlich Henoir hinter einem ungeheuern Büsche einen Rüßel in die Höhe ragen sah. Mich rufen u. beide rasch um den Busch herum, war das Werk eines Augenblickes. Richtig, dastand unser Opfer u. philosophirte über die nassen Zeiten, es regnete nämlich immer noch. Im Nu waren beide Gewehre an der Schulter, ca y est." rufe ich u. wie ein neuer Donnerschlag kracht, en unsere beiden Schüsse zusammen. Langsam neigte sich unser Coloß auf die Seite, um schwerfällig ins Gras zu plumpsen. Wir übrigens sahen dem Drang nicht lange zu, denn links u. rechts, vornen u. hinten krachten die Bäume u. Gebüsche, von den erschreckten, flüchtenden Thieren, daß uns das Sehen u. Hören verging. Am Fuße eines ungeheuren Baumes warteten wir, bis Alles ruhig geworden u. gingen dann, nach dem wir kaum mit den durchnäßten Cartouchen wieder geladen, vorsichtig auf unsern Elephanten zu. Da lag er u. muckste nicht mehr, eine Kugel im Kopf, die andere im Schulterblatt. Mit einem Hurrah erstiegen den Bauch u. dort droben auf dem Elephanten bauch beglückwünschten wir uns gegenseitig, denn daß ein Elephant durch Schüsse falle, war hier unerhört. Auch sind die Eingeborenen bis heute überzeugt, daß wir den unseren mit Medizin umgebracht. Unser Elephant war ein Weibchen über 3½ Meter hoch, an den Brüsten, in welchen Milch im Maße war, konnten annehmen, daß einer der kleinen Elephanten, die gesehen, ihr Junges gewesen. Uebrigens hatte sich dieses mit den anderen aus dem Staube gemacht. Da es unterdessen anfing spät zu werden, ließen unsern Elephant wie er war, denn zum Wegtragen war er doch etwas schwer, Kosacke ich doch kaum einen Fuß vom Boden wegbringen, und

Kehrten heimwärts. Am folgenden Morgen in aller Frühe machten uns wieder auf u. zwar mit unserem photographischen Apparat u. machten den Helgen den Ihr von Euch habt. Elephantenjäger, die noch photographieren zur Stelle sind rar! Leider waren die Fotos klein u. werde ich sie Euch in natura zeigen. Aber noch etwas Geduld müßt Ihr haben, ich mußte auch haben, bis ich sie hatte. Uebrigens jetzt für heute der Plauderei genug, sonst habe nichts mehr zu erzählen. Die letzte Seite beschreibe nicht, damit die Photographie nicht verdorben wird, dies zur Notiz für Mucheli, das immer schimpft. Ueber die Marcks, Felli, Aimel al Gurage etc entweder mündlich oder ein andermal. Könnt unterdeß studieren, was das für Namen sind.
Behüt Euch Gott. Meine herzlichsten Grüße an Alle, Alle; begrüßt die Erdbeeren u. Kirschen fleißig bis ich komme. Adieu. Auf baldig Wiedersehn. Viele Grüße von Zimpi & Appenzeller, sowie besonders Eurem

Alfred Ilg

Falls Ihr die Photographie aufklebt, thut es mit nicht saurem Kleister, sonst geht sie verloren, resp. sie verdirbt. Laßt sie durch einen Sachverständigen aufkleben.

Photo 9: Bau des Glockenturms auf dem Entotto, Photo Ilg, VMZ

Photo 10: Ilg-Haus auf dem Entotto, Postkarte,
Ausstellung Greuterhof Islikon TG

Photo 11: Ilg-Familie auf Reisen, um 1900, Photo Ilg, VMZ

Photo 12: Karawane auf dem Weg Addis Abeba-Dschibuti, um 1890 (?), Photo Ilg, VMZ

Photo 13: Segelbarken, wohl im Hafen von Dschibuti, um 1890 (?), Photo Ilg, VMZ

Photo 14: Dampfer mit Hilfssegeln, um 1890 (?), Photo Ilg, VMZ

Photo 15: Alfred Ilgs erste Elephantenjagd, 1885, Photo Ilg, VMZ

Photo 16: Elfenbeinhandel in Äthiopien, Ort unbekannt, um 1900,
Photo Ilg, VMZ

Photo 17: König Menelik von Schoa, um 1880, Photo Ilg, VMZ

Photo 18: Ankobar, Palasthügel, Pankhurst/Gerard, Ethiopia Photographed

Photo 19: Ankobar, Reste des Palastes, Botschaftsattaché Aebischer, Addis Abeba

Photo 20: Menelik als König von Schoa mit Heerführern,
Pankhurst/Gerard, Ethiopia Photographed

Photo 21: Krönungskirche Meneliks II. auf dem Entotto, Botschaftsattaché Aebischer, Addis Abeba

Photo 22: Blick auf den Menelik-Gibbi in Addis Abeba um 1900, Pankhurst/Gerard, Ethiopia Photographed

Kapitel V
Ilg baut die »Neue Blume« Addis Abeba – Und vieles andere mehr

»Für einen jungen Mann bietet das Leben in einem fremden, kulturell wenig entwickelten Volke eine gewisse Gefahr, die vorzugsweise dem Mangel an geistiger Anregung entspringt. Es ist die Gefahr, nach und nach auf das Niveau der Eingeborenen herabgezogen zu werden, in diesem speziellen Fall also zu verabessinieren. Was etwa an europäischen Elementen nach dem schoanischen Hochplateau kam, war nicht immer erstklassig; Abenteurer verschiedener Nationen versuchten ab und zu hier noch einen Rettungsanker zu finden, und unser Landsmann hat im Laufe der Jahre recht problematische Existenzen an sich vorüberziehen sehen ...«[76]

Soweit der Freund, engere Landsmann und erste Biograph Konrad Keller 1918; gerade zur Zeit, als sich die europäischen Mächte bis zur völligen Erschöpfung im Ersten Weltkrieg zerfleischten, einen unglücklichen Frieden schlossen und die deutschen Kolonien in Afrika an die Sieger Großbritannien und Frankreich fielen. Dies 1918, nachdem Kaiser Yasu IV. nicht zuletzt wegen seiner deutschlandfreundlichen Politik von der Tochter Meneliks Zauditu ohne Blutvergießen entmachtet worden war und Ras Tafari Makonnen, der spätere und letzte Kaiser Äthiopiens seine Regentschaft antrat.[77] Dessen Vater Ras Makonnen hatte zu den engsten Bekannten des Thurgauers aus dem Kaiserclan gehört.

Wenn auch Ilgs Äthiopien-Bild verständlicherweise einem Wandel unterlag, ebenso wie der Stellenwert der äthiopischen Kultur, und auch wenn er sich nicht verabessinierte, so empfand er doch kein Überheblichkeitsgefühl gegenüber den Bewohnern des Landes und: Vom Beginn seines Aufenthaltes kam bei ihm Langeweile zu keiner Zeit auf. Was der Ingenieur auch immer anpackte, konnte er – mit Ausnahme der Bahn, von der noch wiederholt die Rede sein muß – auch zu einem guten Ende bringen. Als Ilg im Januar 1879 in Ankober anlangte, hatte die Stadt bereits eine lange Geschichte als schoanischer Residenzort;

---

76. Keller, Ilg, S. 38.
77. Zewde, Ethiopia, S. 146.

seit 1703 oder 1707 zeitweilig, ab 1841 ständig. Der hier residierende schoanische Zweig der salomonischen Dynastie vergrößerte das Territorium des Teilreiches seit 1777 unter Ras Asafa Wosan und führte seit 1814 den Königstitel.[78] Der fünfundzwanzig Jahre alte Thurgauer fand aber in der alten Residenz keine Zeit sich wohnlich einzurichten. Noch im gleichen Jahr übersiedelte der Hof vorerst zeitweise – was typisch für das äthiopische Wanderkönigtum auch der Unterherrscher war – ab 1881 ständig auf den Entotto, sechshundert Meter über der heutigen Hauptstadt gelegen.

»In der neuen Residenz ... bestanden außer den königlichen Gebäuden (der früheren Pfalz) noch fast keine Häuser. Ilg war sogar gezwungen sich sein eigenes Wohnhaus zu zimmern und die nötigsten Werkstätten zu schaffen ... Der König verstand übrigens unter einem Ingenieur einen Mann, der alles kann ...«[79] Sieben Jahre danach, im November 1886, schlug die Geburtsstunde der jetzigen Hauptstadt Addis Abeba. Königin Tayitu, die dort heiße Quellen entdeckt hatte[80], prägte den Namen der »Neuen Blume« und veranlaßte die ersten Schritte zur Gründung, während ihr Mann in Arsi und Harar mit dem Kriegshandwerk beschäftigt war. Mit dieser Gründung endete das Jahrhunderte andauernde Wanderkönigtum der äthiopischen Herrscher für immer. Damit hatte der Entotto, zwar nicht als königlicher Sommersitz, aber doch als Metropole ausgedient, wenn auch der nunmehrige Kaiser erst um die Wende des Jahres 1892/93 in den neu erstellten Gibbi im Tal umzog.[81]

Auch jetzt noch glich der neue Mittelpunkt des Reiches keineswegs einer repräsentativen Residenz, sondern eher einer für afrikanische Verhältnisse riesigen Baustelle. Hier kamen bald die ersten von Alfred Ilg aus Europa gelieferten Maschinen im Straßenbau und in der Fabrikation von Steingebäuden zum Einsatz. Und der Maschineningenieur avancierte auch zum Architekten im großen Stil. »Pläne waren zu entwerfen, Straßenanlagen zu projektieren, Kalkbrennereien einzurichten und das einheimische Handwerkspersonal einzuschulen. Wo vorher nur Gestrüpp wucherte, entstand eine weitläufige Stadt...«[82] Zwischendurch

---

78. Marcus, Menelik, S. 10.
79. Schmid, Afrikaforscher, S. 10f.
80. Heute nutzt diese unweit des Menelik-Palastes gelegenen heißen Quellen das Hotel Hilton als Schwimmbad.
81. Zewde, Ethiopia, S. 161f. Vgl. auch Kapitel 2.
82. Keller, Ilg, S. 40f.

kam Ilg sogar dazu ein eigenes Haus unweit der kaiserlichen Residenz zu erstellen. »Gründerzeit« hätte man diese Phase im Europa der zweiten Hälfte des 19. Jahrhunderts genannt. Diese Bezeichnung träfe aber auch auf Äthiopien im letzten Jahrzehnt des Jahrhunderts zu, insgesamt, nicht nur für die Hauptstadt.

Während der Regenzeit, im Februar und vom Juli bis zum September, regierte der Kaiser nicht, besser er konnte gar nicht, weil man in diesen Monaten nicht imstande war, die großen Flüsse des Landes zu passieren. Ilg machte den Vorschlag, eine große Brücke ohne Pfeiler zu erstellen. Der Herrscher zeigte sich skeptisch und sein Ingenieur überzeugte ihn auch nicht mit einem Modell. Menelik schlug es krachend entzwei, ebenso die zweite Ausgabe. Erst als das dritte gröbere Exemplar der königlichen Faust widerstand, erteilte der Hof die Bauerlaubnis[83]: Ilg schrieb im Sommer 1886 an einen Studienfreund in Zürich: »Schoa ist wieder einen Schritt in der Kultur vorwärts gerückt. Vor einigen Wochen beendigte ich die erste Brücke über den bedeutendsten Fluß hier, den Awash. Die Balken mußten fünfzehn Kilometer weit auf Menschenschultern hergetragen werden, zu den Brückenköpfen mußte ich die Quadern erst brechen und behauen, ja sogar Kohlen mußte ich zuerst brennen lassen um die Nägel, Klammern, Schrauben, Bolzen usw. zu schmieden. Hierzu kommt eine tropische Sonne mit ihren gefährlichen Stichen, kommen sintflutartige Regen mit Dysenterie und Wechselfieber im Gefolge, Zyklone, die mir den Bart fast entwurzelten und mein Zelt in alle Winde fort trugen. Nachts stahlen uns die Hyänen das lederne Kopfkissen unter dem Kopfe weg; Schakale und anderes Gesindel plünderten die Küche, so daß ich genötigt war, mir mit Strychnin Achtung zu verschaffen. Bei mir hatte ich eine kleine Armee von zirka 1'200 Mann, tausend Gallas und zweihundert Abessinier. Um einen Balken von zehn Metern Länge bei 25-35 Zentimeter Querschnitt zu tragen, bedurfte es nicht weniger als dreihundert Mann, die dann zu den fünfzehn Kilometern volle drei Tage brauchten. Später wurde noch eine zweite Brücke über den Fluß gebaut, nachdem sich die erste gut bewährt hatte, aber von feindlich gesinnten Gallas zerstört worden war.«

Auch mit der Wasserleitung für den auf einer Anhöhe gelegenen kaiserlichen Gibbi in Addis Abeba hatte es Ilg nicht leicht. Er hatte den Vorschlag gemacht, auf einer benachbarten Anhöhe Wasser zu fassen, eine Leitung ins Tal und auf den Burghügel zu legen. Dies wurde als

---

83. Keller, Ilg, S. 41.

völlig verrücktes Unternehmen angesehen, da Wasser nie und nimmer bergan fließe, das Geld dazu könne man geradeso einfach wegwerfen. Ilg erklärte den Hofbeamten das Prinzip der kommunizierenden Röhren; vergebens, so daß er nur noch bauen konnte, auf eigenes Risiko selbstverständlich. Und siehe da, die Wasserversorgung funktionierte.

1892 brannte ein Teil der Häuser in der »Neuen Blume« nieder und sollte so rasch als möglich neu erstehen, da der zügige und ziemlich kühle Entotto endgültig als Kaiserresidenz aufgegeben wurde. Die fieberhafte Bautätigkeit führte 1893 dazu, daß in nur drei Monaten etwa fünfzig neue Häuser erstellt wurden. Nach dem Sieg über die Italiener von 1896 explodierte Addis Abeba förmlich und war noch vor der Wende zum 20. Jahrhundert zur bevölkerungsreichsten Stadt im Reich Meneliks geworden.[84]

»... Im Jahre 1893 wurde (bereits) fieberhaft gearbeitet ... Es wimmelte von braunen Kerlen, die Holz, Steine, Mörtel usw. zusammen schleppten, dabei haben wir Bleichgesichter die Dirigenten zu spielen und es ist mir schon lieber, daß mein lieber Herr N. (der Kaiser) die Kraftausdrücke nicht vernimmt, mit welchen wir die architektonische Schönheit zu erhöhen suchen. Der Äthiopier hat eine ausgesprochene Abneigung gegen jede gerade Linie, und aus lauter krummen, unregelmäßigen Formen etwas Ordentliches heraus zu kriegen haben wir noch nicht zustande gebracht. Bei meiner fieberhaften Tätigkeit entschwindet mir die Zeit wie im Traum und es macht mir ordentlich Angst, das Jahr sause an mir vorbei ohne mir die Zeit gegeben zu haben an die Rückreise zu denken...«

Ilg war gerade von der Schweiz zurück und doch machte sich auch bei ihm hin und wieder das Heimweh bemerkbar. »... Etwa sechs Monate mußte im Zelt gewohnt werden, doch wurden neben den kaiserlichen Bauten noch vor dem Eintritt der Regenzeit zwei Häuser für Ilg fertig, so daß er sich etwas wohnlicher einrichten konnte.« Ende des Jahres stand auch die viel bewunderte Wasserleitung, eine weitere Patronenfabrik und eine Getreidemühle und ein Jahr darauf das erste Gerichtsgebäude aus Stein mit einer richtigen Turmuhr, damit Beklagte oder Delinquenten auch pünktlich erschienen; Zeit war und ist in Äthiopien ein recht dehnbarer Begriff.[85]

---

84. Keller, Ilg, S. 109.
85. Ebd., S. 110.

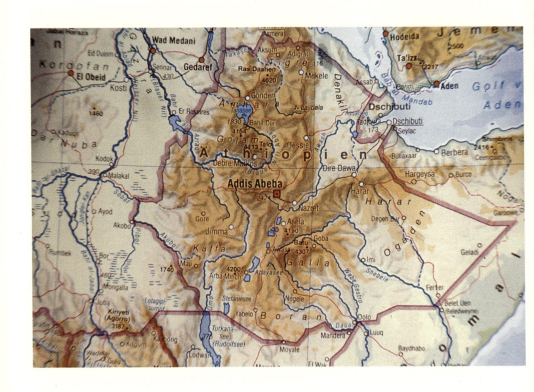

Photo 23: Geographische Karte, Äthiopien und seine Nachbarn heute, Kümmerly-Frei-Atlas

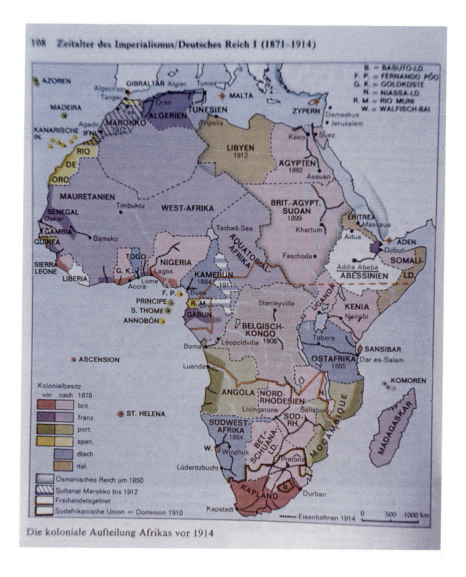

Photo 24: Europäische Kolonien in Afrika vor 1914,
dtv-Atlas zur Weltgeschichte, Band 2

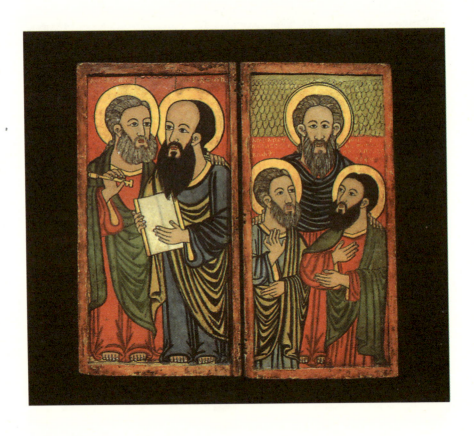

Photo 25: Ikonenmalerei auf Holz, Heilige, 15. Jahrhundert, IES Universität Addis Abeba

Photo 26: Votivkronen in Axum, 18. Jahrhundert (?), Historic Ethiopia

Photo 27: Orden der Ehrenlegion, Frankreich, 21.10.1892, Privatsammlung Ilg, Zürich PIZ

Photo 28: Osmanenorden, Türkei, 01.12.1895,
Privatsammlung Ilg, Zürich PIZ

Photo 29: St.-Anna-Orden, Rußland, 03.09.1897,
Privatsammlung Ilg, Zürich PIZ

Photo 30: Commendatore, Italien, 17.05.1901, Privatsammlung Ilg, Zürich PIZ

Photo 31: Kronenorden, Preußen, 08.12.1904, Privatsammlung Ilg, Zürich PIZ

Photo 32: Franz-Joseph-Orden, Österreich-Ungarn, 02.10.1905, Privatsammlung Ilg, Zürich PIZ

Photo 33: Salomons-Orden, Goddscham, 01.08.1897, Privatsammlung Ilg, Zürich PIZ

Photo 34: Großoffizierskreuz, Äthiopien, 27.03.1898, Privatsammlung Ilg, Zürich PIZ

Photo 35: Stern von Äthiopien, Datum unbekannt, Privatsammlung Ilg, Zürich PIZ

Photo 36: Äthiopische Posttasche, nach 1895, Ilg-Ausstellung, Greuterhof

Photo 37: Silbermünzen, 1893, Privatsammlung Ilg, Zürich PIZ

Photo 38: Eisenbahn-Aktie, 1910, Ilg-Ausstellung, Greuterhof

Zu Beginn der neunziger Jahre war Ilg das Inspektorat für öffentliche Bauten in der Hauptstadt übertragen worden. Inzwischen zählte die Residenz Tausende von Hütten, in denen einige zehntausend Bewohner lebten. Den Fixpunkt bildeten der Gibbi und die Höfe der Verwandten, Gouverneure und Berater des Kaisers, darunter auch Ilgs Haus. Es muß hübsch gewesen sein, eingeschoßig, mit einer weitläufigen Veranda umgeben, aus Holz erstellt und mit Stroh gedeckt. Der gepflegte Garten wies Bananensträucher und Eukalyptuspflanzen auf, die Ökonomiegebäude standen wohl geordnet im Kreis und der Haushalt umfaßte etwa fünfzig Personen.[86] Während der Hausherr (seine Zürcher Frau Fanny folgte ihm erst 1896 nach Äthiopien nach) bei der Kaiserkrönung Meneliks II. als einziger Europäer die äthiopische Schamma getragen hatte, erschien er für gewöhnlich europäisch gekleidet.

»In den frühen Morgenstunden sah man ihn von seinem Gehöft zum Gibbi ... reiten. Dort fand er den rastlosen Frühaufsteher Menelik bereits beim Verabschieden innenpolitischer Geschäfte, beim Entwickeln von Bauplänen ... oder beim Überwachen von Arbeiten im Hofgeviert ...«, und Alfred Ilg nahm an allen Aktivitäten teil. »Ilg baute Häuser, Brücken, Wasserleitungen[87], leitete den Ankauf von Maschinen in Europa.«[88] Und vieles mehr. Von ihm stammen auch die Straßen außerhalb der Hauptstadt, Kirchenbauten im ganzen Land und die ersten Stationsgebäude der 1897 begonnenen Bahn.[89] Dabei machten Ilg und die Äthiopier nichts anderes als die europäischen Kolonialmächte in Afrika auch; aber eben aus eigenem Antrieb und nicht zwangsweise von weit her befohlen.

Obwohl man Alfred Ilg rastlos tätig sah, verlief der Aufenthalt des Auslandschweizers keineswegs ohne Abwechslung außerhalb seiner beruflichen Tätigkeit. Menelik nahm ihn auf Kriegszüge mit, nicht zuletzt wegen seiner medizinischen Kenntnisse: Verbände anlegen,

---

86. Loepfe, Ilg, S. 41ff.
87. Keller, Ilg, S. 42. Durch einen Zwischenfall ... blieb anfänglich das Wasser ganz aus und die Gegner des Unternehmens schienen recht zu bekommen. Die Sache erschien Ilg rätselhaft. Er ging der Leitung nach und suchte durch Klopfen die fehlerhafte Stelle zu ermitteln. Er fand sie auch und ließ (die Leitung) öffnen. Sie war mit Baumwollsamen fest verstopft worden. Ein sogenannter Freund, ein Europäer, der häufig ins Haus (Ilgs) kam, war der Übeltäter.
88. Historsch-biographisches Lexikon der Schweiz, Bd. 4, Neuenburg 1927, S. 332.
89. Marcus, Menelik, S. 59. A remarkable flexible and intelligent man ... makes himself useful as architect, builder, plumber, medical advisor ... and as foreign affairs expert.

Wunden nähen oder Schienen von gebrochenen Knochen gehörte dabei zur täglichen Arbeit. Die Verluste durch Dysenterie, Pocken, Typhus und Bronchialerkrankungen, die über zehn Prozent der Armeestärke betrugen, konnte aber auch er mangels geeigneter Medikamente nicht verhindern. 1890 äusserte er sich in einem Brief an seinen Freund Briner in Zürich über einen solchen Feldzug[90]: »Seit über vier Monaten auf der Expedition mit dem Kaiser nach Tigre, war es mir absolut unmöglich, Nachrichten nach der lieben Schweiz zu senden. Wie leicht voraus zu sehen war, unterwarfen sich die abessinischen Grossen nicht so rasch dem neuen Kaiser wie dies zu wünschen gewesen wäre. Namentlich der Sohn des verstorbenen Kaisers, Ras Mangascha, musste durch die Waffen hierzu gezwungen werden und dies war der Zweck unserer Expedition, den wir auch glücklich erreicht, wenn auch mit vielen Opfern. Zu kämpfen brauchten wir nicht, da sich die Tigrayaner überall zurückzogen und wir Amba Zion nahe bei Adua erreichten ohne ein nennenswertes Gefecht gehabt zu haben. Durch die politischen Verhältnisse, die im Lande herrschende Hungersnot und die Indisziplin in der eigenen Armee gezwungen, unterwarf sich schliesslich Mangascha und wir zogen in Eilmärschen nach Schoa zurück, da auch unsere Armee durch Hunger und Epidemien schon bedeutend gelitten (hatte).«

In den letzten Jahren des 19. Jahrhunderts verlief die technische Entwicklung des Landes geradezu hektisch: Post, Telegraph, Nationalbank, Münzen und Banknoten und der Bau der Eisenbahn. Während sich die Briefmarken mit dem Portrait des Kaisers und weiterer Sujets bei Sammlern rasch grosser Beliebtheit erfreuten und die Silbermünzen allmählich den Maria-Theresientaler als Zahlungsmittel ablösten, kam der Bahnbau nur zäh voran, ständig begleitet von einer Vielzahl von technischen Schwierigkeiten und persönlichen Querelen.

Ilg, der sich im Mai 1900 in der Schweiz aufhielt, erstattete an der Hauptversammlung der Zürcher geographisch-ethnologischen Gesellschaft einen Bericht über die Verkehrssituation in Äthiopien. »... Zwischen Harar und Addis Abeba besteht bereits eine Telephon- und Telegraphenlinie, andere sind im Ausbau, dazu wird Salz als Zahlungsmittel allmählich von der neuen Münze abgelöst und mit dem Bahnbau von Dschibuti aus begonnen.«[91] Der Gedanke an eine Eisenbahnverbindung für das Land beschäftigte Ilg seit jener Zeit, als er erstmals den

---

90. Schmid, Afrikaforscher, S. 12.
91. Vgl. Völkerkundemuseum Zürich, Ilg-Abbildungen.

Boden Äthiopiens betreten hatte. Mit der Vergrößerung und Modernisierung des Landes war der Verkehr von einer raschen Zunahme gekennzeichnet. Ilg hatte endlich 1894 vom Kaiser die Konzession für den Bahnbau erhalten und drei Jahre später war dank französischer Finanzhilfe mit dem Bau begonnen worden. Die Eisenbahnfrage sollte Alfred Ilg nicht nur über seine Demission hinaus begleiten, sie kostete ihn letzten Endes einen beträchtlichen Teil seines Vermögens.[92]

»... Die völlige Umgestaltung aller Verkehrsmittel (und Kommunikationsmittel) in Abessinien ist (Ilgs) Werk. Zuerst setzte er sich für die Verbesserung der Karawanenstraßen und des Postwesens, die Einführung des Telegraphen und Telephons und schließlich für den Bau einer Bahn nach der Küste ein. Hierzu erhielt er von Menelik erst nach langwierigen hartnäckigen Verhandlungen endlich die Konzession. Der Bau ... begann 1897 vom Ausgangspunkt Dschibuti aus. Ilg hatte als Verkehrsminister die Leitung dieses rein kommerziellen Unternehmens, bei welchem unser Landsmann die französischen Interessen gegenüber den englischen rettete.« Das hieß eine Parteinahme zu Gunsten der kleinsten Kolonialmacht in der Region mit den besten Verbindungen zum Roten Meer. Der Bau gestaltete sich auch mit französischen Francs noch schwierig genug, wegen der hohen Löhne, der Wasserbeschaffung und zahlreicher feindlicher Überfälle. 1903 konnte die erste Hälfte der Strecke von Dschibuti nach Dire-Dawa eröffnet werden.[93] Erst 1917, als der Schöpfer dieser bedeutenden Verkehrsverbindung des Landes nicht mehr am Leben war genauso wie der Kaiser, fuhr der erste Zug in den »Chemin de fer«, dem Bahnhof in Addis Abeba, ein. An dieser Verzögerung trugen nicht zuletzt die rivalisierenden Kolonialmächte Schuld; England und Italien blieben lange ohne Einfluß auf den Schienenweg – und der Kaiser Zeit seines Lebens skeptisch. Tewdoros war 1868 von den anglo-indischen Truppen auch deswegen besiegt worden, weil diese eine Bahnlinie für den

---

92. Auskunft Iris Zwicky, 1999, Ilg-Archiv, Zürich, Brief vom 11. Februar 1893; vom Beginn der Bahn-Aktivitäten. »Der Löwe vom Stamm Juda, Menelik II., König der Könige von Äthiopien« schreibt in Addis Abeba einen Brief an Ing. Alfred Ilg in amharischer Sprache (Textentwurf?): »Ich erkenne, daß es unmöglich ist, den Handel und die Industrie meiner Länder zu entwickeln, wenn man die Verkehrswege nicht verbessert. Zu diesem Zweck möchte ich eine Eisenbahn bauen lassen und habe mit diesem Brief meinem Ing. Alfred Ilg, der uns seit so vielen Jahren zahlreiche Dienste geleistet hat, die Erlaubnis erteilt, alle notwendigen Studien zu machen und eine große Gesellschaft aufzubauen, die dieses Vorhaben durchführen kann.«
93. Schmid, Afrikaforscher, S. 13.

Truppen- und Materialtransport ins Landesinnere errichtet hatten. Menelik kannte die Fakten; er sah zwar die Notwendigkeit der Verkehrsverbindung von der Hauptstadt zur Küste durchaus ein, fürchtete aber auch, daß seine Bahn in Zukunft eine Kolonialarmee ins Herz seines Reiches befördere. Diese Bahn blieb bis heute die einzige Schienenverbindung in Äthiopien.

Ilgs Aktivitäten beschränkten sich aber nicht auf Bauvorhaben. Er erschien etwa ab 1885 auch als einer der Photopioniere.[94] Die zahlreichen Aufnahmen von bedeutendem historischen Wert zeigten einmal mehr die Vielseitigkeit der Interessen des Thurgauers. Der Kaiser, dessen Ohren allgegenwärtig waren, erhielt davon Kenntnis[95]: »In den ersten Jahren, als Ilg im Lande war, stutzte er über die photografische Aufnahme. Er ließ ihn (Ilg) eines Tages rufen und sagte ... Ich habe etwas von dir gehört, das sehr schlecht war. Man berichtet mir, du hättest mich ohne daß ich es wußte ganz klein gemacht und mit meiner ganzen Burg, mit Häusern, Menschen und Maultieren in einen schwarzen Kasten gesteckt. Und ich soll in dem Kasten mit den Beinen nach oben auf dem Kopf gestanden haben, was das Unglaublichste ist ... Man kann sich denken, daß Ilg etwas betroffen war und keinen anderen Ausweg fand als Seiner Majestät die wichtigsten Gesetze der Optik auf elementarem Weg beizubringen. Das erforderte schon pädagogisches Geschick; aber es ging und schließlich begriff der Kaiser die Vorgänge in einer photografischen Kamera.«

Alfred Ilgs Tätigkeiten waren von allem Anfang an äußerst vielseitig gewesen und hatten um 1890 beinahe einen Stand erreicht, daß er in der italienischen Renaissance als *uomo universale* bezeichnet worden wäre: Seine Aktivitäten in Äthiopien und in der Schweiz machten ihn für den Kaiser nicht nur unentbehrlich, dieser zog ihn ab 1889 auch immer häufiger in außenpolitischen Angelegenheiten zu Rate, neben seinen Aufgaben als Architekt, Ingenieur, Kaufmann, Landedelmann, Sekretär und Vertrauter des Kaisers. »Bis dahin war Ilg lediglich Ingenieur Seiner Majestät, was wir auch seiner Visitenkarte entnehmen. Er war am Hofe wohl gelitten, seine Tätigkeit wurde anerkannt.«[96] Man befragte ihn auch gelegentlich in öffentlichen Angelegenheiten um seine Meinung. Ilg hätte dem üblichen Gang der Dinge entsprechend

---

94. Das Völkerkundemuseum Zürich bewahrt etwa sechshundert photografische Platten von Alfred Ilg auf, die gerade technisch gesichert wurden. Vgl. auch Abbildungen.
95. Keller, Ilg, S. 35, 126f.
96. Ebd., S. 37.

wie viele Auslandschweizer seine Karriere auf dieser Stufe abgeschlossen und wäre später mit seinen Ersparnissen in die Heimat zurück gekehrt...«

Aber es sollte anders kommen: Die Kaiserkrönung war der erste, der Vertrag von Wichale mit Italien der zweite und Ilgs Begabung im Umgang mit Menschen und seine Liebe zum Land der dritte und wohl entscheidende Grund dafür. »Unter dem 20. November 1889 findet sich in Ilgs Papieren erstmals (die) Kopie eines kaiserlichen Briefes an ein fremdes Staatsoberhaupt ... Während des (erwähnten) Feldzugs nach Tigre vermochte Ilg seine Position weiter zu verstärken ... Man darf daher annehmen, Ilg sei an jenem Schreiben vom 14. Dezember an Königin Viktoria, Kaiser Wilhelm II. und den französischen Ministerpräsidenten Carnot nicht unbeteiligt gewesen, in welchem Menelik II. die europäischen Mächte zur Aufhebung der Waffenexportbestimmungen aufforderte...«[97] Im April 1892 schlug der in der Heimat weilende Ilg der Regierung in Bern vor mit Äthiopien diplomatische Beziehungen aufzunehmen. Weil aber nach der Auslegung der Ucialli- oder Wichale-Verträge Rom für die äthiopische Außenpolitik zuständig sei, übermittelte der Bundesrat dem inoffiziellen Sondergesandten Ilg lediglich »... die besten Wünsche und die freundschaftlichste Gesinnung der Schweiz und ihrer Regierung an die Adresse Kaiser Meneliks. II.«[98] Aber Ilg ließ auch in der Folge nicht locker und versuchte noch 1895 die Aufnahme Äthiopiens in den Weltpostverein mit Sitz in Bern durchzusetzen.

Auch wenn die rivalisierenden Diplomaten – nicht die Äthiopier – Ilgs Schweizer Reisen zu Intrigen gegen ihn nutzten, der Kaiser freute sich stets über die Rückkehr des Schweizers. Ende 1892 schrieb Ilg: »Zu meiner großen Freude fand ich den Kaiser überhaupt nicht brummig über meine lange Abwesenheit wie ich befürchtete. Im Gegenteil sagte er mir freundlich, er habe bereits aus den besten Quellen erfahren, mit welchem Erfolg ich ihn und sein Land gegen anderwärtige hämische Angriffe verteidigt (habe) und er werde mir Dank wissen. Tant mieux, hoffentlich vergißt er's nicht.«[99]

Von seiner vierten Reise in die Schweiz, die Schlacht bei Adua gegen die Italiener war bereits siegreich entschieden, brachte Ilg neben allerlei Werkzeugen, Geräten und Maschinen auch etwas sehr Persönliches

---

97. Loepfe, Ilg, S. 181.
98. Ebd., S. 23f. Es blieb allerdings bei dieser diplomatischen Floskel.
99. Keller, Ilg, S. 109.

mit nach Äthiopien – seine Frau Fanny Ilg, geborene Gattiker. Auswandern war nicht leicht und brauchte viel Wille und Courage. So ließ sich die knapp dreißigjährige Tochter des Gemeindepräsidenten von Hirslanden alle Zähne ziehen und ein Gebiß anfertigen[100], denn Äthiopien verfügte damals nicht über einen einzigen Dentisten. Sie war, und das zu Recht, in jeder Hinsicht überzeugt von den Fähigkeiten ihres 1895 angetrauten Mannes.

---

100. Mitteilung Iris Zwicky, 1999.

Kapitel VI
Kolonialgerangel in Ostafrika –
David besiegt Möchtegern-Goliath

In den ersten Märztagen des Jahres 1896 stand für einmal das »ferne Äthiopien« im Mittelpunkt der Berichterstattung in den Schweizer Medien, hier aus der renommierten »Neuen Zürcher Zeitung« wiedergegeben. Tatsächlich überschlugen sich zu dieser Zeit die Ereignisse auf dem Kriegsschauplatz in Nordäthiopien und im Nachbarstaat Italien.[101]

»Gewiß wird allen..., die mit Interesse die wichtigen Ereignisse im fernen Äthiopien (nicht Abessinien), das seit einigen Jahren so viel von sich reden gemacht,[102] verfolgen, die vorliegende Skizze über den italo-äthiopischen Kriegsschauplatz willkommen sein ... Nach den letzten Meldungen General Baratieris lagert die feindliche Armee immer noch in der Talmulde von Adua ... Der vom Kriegsminister begleitete König Umberto wohnte gestern im hiesigen Arsenal (in Neapel) der Einschiffung der neuen Truppen nach Afrika bei ... Nach Meldungen der Agentur Stefani wurde der König von den Soldaten warm begrüßt ... Die von den Abgeordneten der Opposition geleitete antiafrikanische Bewegung[103] wächst. Trotz dem Verbote durch die Behörden fand gestern in Rom eine antiafrikanische Versammlung statt, welche sehr tumultarisch verlief. Barzilai und andere Redner hielten äußerst heftige Ansprachen, die mit dem Rufe: ›Es lebe Menelik, nieder mit Crispi‹ begrüßt wurden. Die Versammlung nahm eine Resolution gegen den Krieg in Afrika an ... Die von den Oppositionsblättern ... angekündigte Verstärkung der Afrikatruppen auf fünfzigtausend Mann erfolgt jetzt trotz den anfänglichen entrüsteten offiziösen Dementis tatsächlich ...«

Diesen Meldungen folgten am 3. März erstmals Gerücht und Dementi eines italienischen Desasters im Norden der äthiopischen Provinz Tigre.[104]

---

101. Kantonsbibliothek Vadiana, St. Gallen, NZZ, 1. März, Sonderbeilage 2. und 3. März 1896.
102. Ilg hatte in den achtziger und neunziger Jahren systematisch versucht, Äthiopien durch Ausstellungen, Vorträge und Publikationen bekannt zu machen. Vgl. Kapitel 7.
103. Gemeint waren die Gegner der italienischen Kolonialpolitik in Afrika, insbesondere die Sozialisten.
104. Vadiana, NZZ, 03.03.1896.

»Die Tribuna meldet, die aus Aden gemeldete Nachricht bezüglich einer Niederlage der Italiener in Gundet sei eine reine Erfindung ...« Sichere Kunde über das Ausmaß der italienischen Katastrophe vom 1. März 1896 konnte das Blatt seinen Lesern erst ab dem 5. März geben.[105] »Wie römische Depeschen melden, begann General Lambertis Telegramm an die Regierung mit den Worten: Die Niederlage ist riesengroß ... Ministerpräsident Crispi bot bereits die Demission an ... In italienischen Offizierskreisen herrscht ... eine starke Entrüstung gegen Frankreich, welches beschuldigt wird heimlich die Abessinier zu unterstützen ... Das Ministerium Crispi ist dem Sturme, welchen die Niederlage bei Adua herauf beschworen hat, zum Opfer gefallen...«

Die Regierung, die zweite unter ihm als Chef, hatte zweieinhalb Jahre gedauert. Die »Neue Zürcher Zeitung« informierte am 6. März mit einer Karte vom Kriegsschauplatz. »Die Karte enthält auch die ursprüngliche Grenze zwischen der italienischen Kolonie und dem abessinischen Reiche, wie sie in dem Vertrag von Utschalli (Ucialli) vereinbart worden war. Es ist daraus ersichtlich, wie weit die Italiener bei ihrem Eroberungszuge über die vertraglich vereinbarte Grenze hinausgegangen und in das abessinische Gebiet vorgedrungen sind, aus welchem sie nunmehr wieder hinausgedrängt werden ...« Und schließlich am 7. März: »... General Baldissera, der neue Oberkommandierende der italienischen Truppen in Eritrea, hat Major Salasan an den Negus abgesandt, um von ihm die Erlaubnis zu erbitten die Toten ... zu begraben und ... Erkundungen über Namen und Schicksal der gefangenen Italiener einzuziehen ...«

Die Sensation war perfekt. Ein »Negerfürst« hatte die Armee eines »zivilisierten« Landes in Grund und Boden gestampft. Kein Wunder, daß auch die Schweizer Zeitungen dem Ereignis einen breiten Raum widmeten. Kaiser Menelik II., der nie außerhalb seines Landes geweilt hatte und keine Fremdsprachen beherrschte, avancierte zum »Schwarzen Bismarck«; nun verstand Europa, warum der Herrscher den Moa Anbessa, den Löwen von Juda im Wappen führte.

Wie war es zu dieser dramatischen Entwicklung gekommen? Was hatte die Europäer und damit auch die Italiener bewogen, in einer Art »Finale des Kolonialismus« sich des afrikanischen Kontinents zu bemächtigen? Weshalb erlitten ausschließlich die Italiener eine Niederlage?

---

105. Ebd., 5., 6. und 7.03.1896. Zwei der vier italienischen Soldaten im Generalsrang waren unter den Gefallenen.

Der Portugiese Vasco da Gama, Vater des 1543 für Äthiopien gefallenen Christovao da Gama, umsegelte als Erster 1498 den Kontinent und fand damit den wirklichen Seeweg nach Indien, auf dessen Boden die ersten Handelskolonien entstanden. Den Portugiesen folgten die Spanier, Franzosen, Engländer und Niederländer. Afrika war für sie mit Ausnahme der Südspitze, wo die Niederländer die erste Siedlungskolonie errichteten, Jahrhunderte lang lediglich als Stützpunktgebiet für ihre Schiffe nach Asien und dann auch nach Australien und für den Sklavenhandel nach Amerika von Interesse. In den letzten Jahrzehnten des 19. Jahrhunderts änderte sich diese Einstellung binnen kurzer Zeit von Grund auf. Dafür waren hauptsächlich drei Ursachen verantwortlich: Zuerst die Gründung neuer Staaten in Europa, von Belgien 1830, von Italien 1861 und von Deutschland 1871, die neben den alten Kolonialmächten hektisch nach überseeischem Besitz trachteten. Danach die Eröffnung des Suezkanals 1869 und schließlich die Berliner Kongo-Konferenz 1884/85, die ohne auch nur daran zu denken die betroffenen Afrikaner zu fragen, den Kontinent unter die europäischen Meeranstösser aufteilte. Belgien nahm sich den Kongo als Privatsphäre des Königs, hundertmal größer als das Mutterland, Italien strebte nach Libyen, Somalia und Eritrea und gab sich damit keineswegs zufrieden, Deutschland eroberte Togo, Kamerun, Namibia, Tansania. Spanien besetzte die Westsahara, Portugal das Hinterland von Angola und Mozambique, während Frankreich den ganzen Nordwesten beherrschte und Großbritannien fast den ganzen Osten vom Norden bis zur Südspitze des Kontinents. Nur Äthiopien aus eigener Kraft und Liberia, das unter dem Schutz der Vereinigten Staaten von Amerika stand, entgingen der kolonialen Aufteilung.

Am 18. November 1869 war der Suezkanal eröffnet worden und verkürzte damit die Seereise nach Asien ganz wesentlich. Das Bauwerk hatte jedoch vor allem für das Horn von Afrika weitreichende Folgen und »... bildete einen der wichtigsten Wendepunkte der Kolonialgeschichte ... Frankreich hatte im Hinblick darauf schon am 11. März 1862 den Hafen von Obok (Dschibuti) und das Küstengebiet von Ras Domneirah bis Ras Ali durch Kauf erworben, tat aber (vorerst) nichts, um diesen Besitz politisch und kommerziell auszubeuten. Die Hauptmacht blieb Ägypten, dessen Vizekönig Ismail (1863-79) hochfliegende Pläne verfolgte. Die oberen Nilländer Aequatoria, Bahr-el-Ghasal, Darfur wurden erobert; seit 1874 stand an der Spitze ihrer Verwaltung der Engländer Gordon mit dem Auftrag, den Sklavenhandel auszurotten ... 1875 wehte die ägyptische Flagge auch am Golf von Aden, in Zeila und Berbera, Harar wurde genommen und Abessinien auch im Osten umklammert. Damit steht im Zusammenhang, daß Großbritannien dem Sultan von Sokotra, auf das Italien ein Auge geworfen hatte, zum Zugeständnis nötigte, die Insel niemals einer fremden Macht abzutreten oder ohne englische Zustimmung eine Niederlassung zu gestatten ...«[106] Dazu kaufte der englische Ministerpräsident Disraeli das Aktienpaket Ägyptens, so daß der Kanal fortan stärker unter englischem denn unter französischem Einfluß stand.

Bis zum Zeitpunkt der Kongokonferenz bewegte sich die Kolonialisierung in Afrika »... in den gewohnten Bahnen und ihre (hauptsächlichen) Träger waren wie bisher Frankreich und Großbritannien. Seit dem 15. September 1882 waren die Engländer Herren in Ägypten. Der Sudan hatte sich unter Mohammed Ahmed, genannt Mahdi, 1885 selbständig gemacht und bedrohte bald auch die Quellen des Blauen Nil in Äthiopien.« Dies wiederum rief den eben erst geeinigten Staat Italien auf den Plan. 1880 nahm es ein kleines Gebiet an der Arsabai in Besitz, 1885 auch Massaua. Gleichzeitig dehnte Frankreich seine Obokkolonie aus, während Großbritannien die Somalihäfen Berbera, Bulhar und Zeila besetzte. Obwohl in der Generalakte der Kongo-Konferenz 1885 Äthiopien nicht genannt wurde, sollte es rasch zwischen die Fronten des europäischen Kolonialgerangels geraten.[107]

»An der Ostküste (Afrikas) hatte sich das politische Bild seit 1885 völlig verändert ... Durch die Besetzung von Massaua war Italien in Konflikt mit dem König Joannes von Abessinien geraten; weil dieser seit 1884 zusätzlich die Bogosländer besaß, hegte er das begreifliche Verlangen die Eingangspforte Massaua für sich zu gewinnen. Die Kämpfe, die sich daraus entwickelten, verliefen nach einem anfänglichen Erfolg der Äthiopier ohne Entscheidung, da Joannes genötigt war, seine Waffen gegen die Mahdisten zu kehren und in der Schlacht von Metemma sein Leben verlor. Nun riß der bisherige Unterkönig von Schoa Menelik die Herrschaft über Abessinien an sich, während Italien die Gelegenheit benutzte, Keren und Asmara zu besetzen um sich in den hoch gelegenen Bogosländern das lang ersehnte Siedlungsgebiet für seine Auswanderer zu sichern. Meneliks Thron stand noch zu schwach,

---

106. Supan Alexander, Die territoriale Entwicklung der europäischen Kolonien, Gotha 1906, S. 214.
107. Ebd., S. 263-68.

als daß er die Politik seines Vorgängers hätte fortsetzen können ..., er gab die Bogosländer preis.«[108]

Am 24. März 1891 einigten sich Italien und Großbritannien ohne Frankreich über ihre Einflußgebiete in Ostafrika. Somalia, soweit es noch nicht britisch oder französisch war, fiel mit Abessinien an Italien, die Nilländer an die englische Krone. »... Es blieb der Zukunft vorbehalten, diese Interessensphären in Besitzungen zu verwandeln, vorerst stand die Macht Italiens noch auf schwachen Füßen...«[109]

Kolonialgerangel also, Imperialismus par excellence. Was aber verstand man unter dieser Idee? Imperialismus war »... die Politik, ein Imperium, einen Herrschaftsbereich, der die Grenzen des Nationalstaates überschritt, aufzubauen und zu erhalten ... Genauer: die Politik einer Nation überseeische Gebiete zu erwerben, auszudehnen oder zu halten ...«[110]

Forschungsreisende waren die Wegbereiter der Eroberer gewesen und Äthiopien besaß etwas, was nicht nur für das eigene Land von überragender Bedeutung war: die Quellen des Blauen Nil, der bei weitem mehr Wasser lieferte als der Weiße. »Abessiniens Unabhängigkeit, seit Jahrtausenden trotz aller Anstürme mächtiger Eroberer erhalten, steht und fällt mit der Herrschaft über die Quellen...«[111]

Wenn Kolonialgerangel den Bürgern von Nationalstaaten am Ende des 19. Jahrhunderts als etwas ganz Normales galt, wird dieser Geschichtsabschnitt heute in einem anderen Licht gesehen.[112] »Es war die Zeit der europäischen Hybris, die 1885 ... ihren arroganten Höhepunkt erreichte, als die europäischen Mächte den Wettlauf um Afrika begannen und eine Frage des nationalen Prestiges daraus machten, ihre Farben auf jedem weißen Fleck der Landkarte aufzupflanzen, bevor ihnen dort eine rivalisierende Nation zuvorkommen konnte. In diesem Wettlauf, in dem alle rationalen, volkswirtschaftlichen oder humanitären Motive zu bloßen Vorwänden wurden, rafften alle Nationen riesige unbekannte Territorien an sich...«

---

108. Lüthi Herbert, Der Kolonialismus und die Einheit der Geschichte in: H.U. Wehler (Hg.), Imperialismus, Düsseldorf 1979, S. 46.
109. Ebd., vgl. auch Salis, Weltgeschichte 1, S. 169: »Im Jahr des Berliner Kongresses gehörte ein Zehntel von Afrika den europäischen Nationen, 1904 besaßen sie neun Zehntel des Schwarzen Kontinents, und bei Kriegsausbruch 1914 waren Abessinien und Liberia die einzigen unabhängigen Staaten in Afrika.«
110. Ebd.
111. Mittelholzer Walter, Abessinienflug, Zürich 1934, S. 49.
112. Lüthi, Kolonialismus, S. 46.

Tatsächlich können die Motive für eine solche Politik heute kaum mehr verstanden werden, wenn es etwa 1919 in einer Abhandlung über den Imperialismus hieß: »In diesen drei Punkten: freies Meer, offene Tür und Platz an der Sonne (!) bestand jene Politik...«[113] des Imperialismus – das letzte dürfen wir getrost den Touristen überlassen.

Imperialismus in Afrika »... war auch das Unvermögen Europas, seine inneren Probleme zu lösen und Spannungen, die zu einem Krieg oder zu einer Revolution oder zu beidem führen könnten, abzubauen. Europa wurde besonders im letzten Viertel des 19. Jahrhunderts angesichts von sozialen Konflikten und Übersättigung des heimischen Markts von einer fieberhaften kolonialen Tätigkeit erfaßt: imperiale Größe nach außen sollte von inneren Problemen ablenken ...«[114] und gerade hier versagte Italien als wirtschaftlich eher schwacher neuer Staat kläglich. Die Schlacht bei Adua setzte einen vorläufigen Schlußpunkt in den Auseinandersetzungen zwischen Italien und Äthiopien.

Begonnen hatte diese Entwicklung mit dem Vertrag von Wichale, von Äthiopien so benannt, oder Ucialli, von Italien so bezeichnet. Der »Staatsvertrag über gutes Einvernehmen und Handel« vom 2. Mai 1889, abgeschlossen zu einer Zeit, als Menelik II. erst designierter Kaiser von Äthiopien war, erschien schon den Zeitgenossen nicht ohne Rätsel. Es erstaunte seine Umgebung, daß der kluge Herrscher sich ohne weiteres auf ein Abkommen mit einer wenn auch noch unbedeutenden, aber doch unmittelbar benachbarten und vor allem ambitiösen Kolonialmacht einließ. Unverkennbar sah er sich zuerst durch wirtschaftliche Gründe dazu veranlaßt. Zum einen befand sich Äthiopien mitten in einer Hungerkatastrophe, zum anderen war Menelik eben auch Großkaufmann und hatte mit der Übereinkunft von Rom ein Darlehen von zwei Millionen Lire erhalten.[115] Daneben mußten für ihn in dieser kritischen Phase von 1889 auch politische Gründe ins Gewicht fallen. Der Sohn von Kaiser Joannes, Ras Mangascha, erhob ebenfalls Anspruch auf den Thron. Als Herr des Eritrea unmittelbar benachbarten Tigre erschien er den Italienern als unbequemere Lösung, da er, wie sein Vater, die Bogosländer zurück haben wollte; sie unterstützten ihn erst wieder, als er mit Menelik in Konflikt geriet, ja sie versuchten ihn 1894 sogar zu ihrem Verbündeten zu machen.[116]

---

113. Hiltenbrandt, Das europäische Verhängnis, Berlin 1919, S. 28-33.
114. Wehler, Imperialismus, S. 89f.
115. Marcus, Menelik, S. 131.
116. Ebd., S. 115f.

Durch all diese Faktoren sah sich Italien ermutigt, seine Kolonie Eritrea Schritt um Schritt zu erweitern. Bereits zwei Monate nach der Vertragsunterzeichnung, die Tinte war noch kaum trocken, okkupierte es Keren und am 10. August des Jahres auch die heutige Hauptstadt Asmara. Das Ziel Italiens war also nicht nur ein formelles, sondern ein tatsächliches Protektorat über ganz Äthiopien. Der Unterschied zwischen dem Gouverneur von Eritrea, General Orero, und dem Sonderbevollmächtigten Italiens am Hof von Entotto, Conte Pietro Antonelli, bestand lediglich in der Art, dieses Ziel zu erreichen. Während der Militär auf die Streitkräfte setzte, wollte der Gesandte den Erfolg auf diplomatischem Weg verwirklichen.

Der Vertrag wies in der amharischen und in der italienischen Version des Artikels 17 einen unterschiedlichen Wortlaut auf. In der ersten hieß es, der Kaiser von Äthiopien könne sich in außenpolitischen Fragen Roms bedienen, in der zweiten, er müsse es »uti possidentis.«[117] Der italienische Ministerpräsident Crispi legte den Artikel im Sinne eines Protektorats über Äthiopien aus und berief sich dabei auf die Schlußakte der Kongo-Konferenz von 1885.[118] Der Wichale-Kontrakt war in erster Linie das Werk Antonellis, eines Vertrauten des italienischen Regierungschefs Jahre vor und während der Entscheidung von Adua. Der offenbar etwas lebenslustige Herr, von Rom nach Afrika abgeschoben, hatte es verstanden das Vertrauen Meneliks zu gewinnen. Vor allem deswegen, weil er dem Herrscher in Italien nicht mehr benötigte Waffen lieferte und ihm gleichzeitig kommerzielle Gewinne ermöglichte. Es muß angenommen werden, daß der Gesandte, seit 1879 am Hof von Schoa und damit gleich lang wie Alfred Ilg, den Unterschied

---

117. Ebd., S. 119. Sua Maestà il Re dei Re d'Etiopia consente di servirsi del governo di Sua Maestà il Re d'Italia per tutte le trattazioni di affari che avesse con altre potenze di Governo.
Vgl. auch Paczensky Gert von, Die Weißen kommen, Hamburg 1970, S. 35: »Wie aber soll man das Manöver nennen, das ... die Italiener mit Abessinien versuchten? Sie unterzeichneten mit Kaiser Menelik ein Abkommen, das die Grenze zwischen Abessinien und Italienisch-Eritrea festlegte. Der amharischen Fassung des Vertrages war zu entnehmen, daß sich Menelik, wenn er will, für seine Beziehungen zur Außenwelt der italienischen Diplomatie bedienen kann. Doch siehe – die italienische Leseart war, daß er es muß ... und 1891 verständigte Italien die anderen Mächte, es habe ›Anspruch‹ auf das Protektorat über Abessinien.«
118. Loepfe, Ilg, S. 14f.

zwischen der italienischen und der amharischen Fassung des Vertragstextes sehr wohl kannte.[119]

Damit trat Alfred Ilg, um die Unabhängigkeit und das Wohl Äthiopiens besorgt und kolonialpolitisch neutral, naturgemäß als schärfster Gegner von Antonelli in Erscheinung. Offensichtlich entdeckte er noch im Jahr des Abschlusses den Pferdefuß des Vertrages und machte den Herrscher darauf aufmerksam.[120] Wie recht er in der Beurteilung Antonellis und des Vertrages mit Italien hatte, sollte sich bereits bestätigen, als sich der gerade gekrönte Kaiser mit Schreiben an Paris, Berlin und London wandte und die mehr oder weniger höflich formulierte Antwort erhielt, den diplomatischen Verkehr gefälligst über Rom zu führen. Antonelli kehrte im Februar 1890 zum kaiserlichen Heer in Tigre zurück und trotzte Menelik nochmals eine für Italien vorteilhafte Grenzziehung mit Eritrea ab. »Alfred Ilg hielt sich derweil noch im Hintergrund, da ihm die Zeit für eine offene Stellungnahme gegen Italien beim Kaiser noch nicht reif schien. Dabei wußte er sehr wohl um den wachsenden Widerstand der Generäle in Sachen Zugeständnisse an Italien. Als im Mai des Jahres Herrscher und leitender Ingenieur wieder in Schoa weilten, brachte der italienische Generalresident Salimbeni die Antwortschreiben von Königin Victoria I. und Kaiser Wilhelm II., nicht aber aus Frankreich mit. »Der deutsche Kaiser titulierte darin den äthiopischen Souverän als Hoheit, während Königin Victoria höflich darum ersuchte, sich künftig der italienischen Regierung im diplomatischen Verkehr zu bedienen. Damit war Ilg endlich der Beweis in die Hände gespielt, daß Italien tatsächlich Protektoratsabsichten verfolgte und auf dem internationalem Parkett bereits auf dem Weg zum Erfolg war.«[121] Die italienische Äthiopienpolitik geriet damit, wie Salimbeni erkannte, beim Kaiser endgültig in Mißkredit. Darauf hin versuchten italienische Kreise Ilg an ihre Seite zu ziehen, nicht ganz überraschend ohne jeden Erfolg.

1891 hatte der Kaiser Ilg in die Schweiz entsandt, um eine Münzpresse und Waffen einzukaufen und auch, von der französischen Delegation Lagarde dazu ermuntert, Kontakt mit Frankreich zu suchen. Ilg

---

119. Marcus, Menelik, S. 115. After his many years with Menelik II. there can be no doubt about Antonellis ability to understand and to use Amharic.
120. Ebd., S. 117. Es ist wenig wahrscheinlich, daß ein Sekretär in Ankober, das seit 1881 nicht mehr Sitz des Hofes war, ein gewisser Ato Atme, den Fehler entdeckte und deswegen Stellung und Vermögen einbüßte.
121. Loepfe, Ilg, S. 16f.

begann gleichzeitig, Antonelli öffentlich des Verrats zu beschuldigen und forderte den Kaiser auf, über den Wichale-Vertrag neu zu verhandeln. Zwischen der italienischen Presse und Alfred Ilg kam es in den Jahren 1891 und zu Beginn des Jahres 1892 zu einem regelrechten Krieg mit der Feder.[122]

Um diese Jahreswende mußte der »König der Könige« endgültig erkannt haben, »... daß er in Alfred Ilg wohl seinen aufrichtigsten Berater gefunden hatte, der in seiner neutralen Stellung als Schweizer, das Amharische in Wort und Schrift beherrschend, vorzüglich geeignet war als Advokat der äthiopischen Unabhängigkeit aufzutreten.«[123] Ilg hatte noch vor seiner Abreise Menelik II. beschworen den Kredit rasch zurückzuzahlen, doch keinen vollständigen Bruch mit Italien herbeizuführen; dazu war das immer noch von der Hungersnot heimgesuchte Land vorläufig nicht in der Lage.

Immerhin mußte Antonelli im Februar 1892 (Ilg weilte noch in der Schweiz) das Land verlassen. Crispi war als Ministerpräsident zurückgetreten und sein Nachfolger Marchese Rudini wünschte im gleichen Jahr eine Zusammenkunft mit Ilg, um so die Beziehungen mit Äthiopien zu normalisieren, das heißt im Klartext, auf die italienische Auslegung des Vertrages von Wichale de facto zu verzichten. Alfred Ilg lehnte vorerst ab, da er sich nicht das Mißtrauen des Kaisers zuziehen wollte. Dann traf er, es ist anzunehmen im Einverständnis mit Menelik II., doch König Umberto in Rom, zwar inoffiziell, aber immerhin mit dem Segen des Schweizer Bundesrates. So lange Rudini Ministerpräsident blieb, erschien der Krieg in weiter Ferne, aber bereits 1893 löste Crispi ihn wieder ab und damit »... hatte die Kriegspartei Oberwasser erlangt.«[124]

Kaiser Menelik II. annullierte im Februar 1893 öffentlich und einseitig den Vertrag von Wichale. Nach dem Ende von Hungersnot und wirtschaftlicher Depression fühlte er sich, wieder beraten von Alfred Ilg, stark genug, nötigenfalls auch für einen Waffengang mit Italien. Wohl scheiterte noch 1894 die Aufnahme Äthiopiens in den Weltpostverein mit Sitz in Bern an der Einsprache von Italien. Dieses bezeichnete Äthiopien als eine Nation von Stammesleuten, die von einem Barbaren regiert werde. Um die diplomatische Isolation des Landes zu durchbrechen verstärkte Äthiopien die Kontakte mit Rußland, das unter

---

122. Schmid, Afrikaforscher, S. 13.
123. Loepfe, Ilg, S. 17f.
124. Keller, Ilg, S. 88f.

Leontieff eine Delegation nach Addis Abeba sandte. Als weit bedeutender erwiesen sich die Beziehungen zu Frankreich. Ilg informierte das Außenministerium in Paris – er selbst war gerade dabei sich zu verheiraten – daß sich Äthiopien zur Verteidigung rüste, erklärte die Taktik der Armee und versicherte, daß kein Angriff auf Eritrea beabsichtigt wäre. Das Kaiserreich hielt sich auch nach dem Sieg an dieses Versprechen.[125] Welch ein Unterschied in der Vertrauenswürdigkeit zwischen dem »Kulturstaat Italien« und dem »afrikanischen Barbaren«!

Den Italienern gelang es nicht wie erhofft den Gouverneur von Tigre Ras Mangascha auf ihre Seite zu ziehen. 1894 schwor er dem Kaiser als Unterkönig in einem feierlichen Akt Loyalität. Noch im selben Jahr kam es zu den ersten bewaffneten Zusammenstößen mit den Italienern.[126] Ilg weilte seit Mitte des Jahres 1895 wieder in der Schweiz, wo er dem Land nützlicher sein konnte als in Addis Abeba. Er berichtete dem Kaiser von Zürich aus[127], die Stimmung der französischen Regierung gegenüber Äthiopien sei günstig, während Italien und Großbritannien eine drohende Haltung einnähmen. Ilg gelang es noch vor dem Ausbruch des eigentlichen Krieges eine Schiffsladung von Vetterli-Gewehren[128] über Dschibuti nach Äthiopien zu senden. Darauf hin beschuldigte die italienische Presse ihn des Waffenschmuggels. Bundesrat Lachenal beruhigte Italien, Ilg sei kein offizieller Vertreter des Landes. Und doch zeigte der Vorfall, wie hoch man in Rom seinen Einfluß bereits einschätzte.[129]

Seit dem Spätsommer 1895 herrschte offener Krieg zwischen Italien und dem Land des Negus. Menelik und seine Landsleute standen bei der Mobilmachungsproklamation am 17. September 1895 gegen einen offensichtlichen Aggressor buchstäblich allein auf der Welt.[130]

Am Ende des vergangenen Jahrhunderts konnte sich Italien aus der afrikanischen Landmasse mit Mühe und Not zwei nicht eben reiche Gebiete herausschneiden: Somalia und Eritrea. Eine ideale Landverbindung zwischen den beiden trostlosen Flecken und ein den Italienern auch sonst begehrenswert erscheinendes Gebiet ist Abessinien. »Da ist schon jemand? Doch nur Abessinier! Das kann die Nachfahren Cäsars

---

125. Marcus, Menelik, S. 158.
126. Zewde, Ethiopia, S. 141 schreibt von »armed dashes.«
127. Keller, Ilg, S. 93.
128. Mitteilung Iris Zwicky, 1999.
129. Loepfe, Ilg, S. 33ff.
130. Marcus, Menelik, S. 160.

nicht hindern, sie fallen in das Land ein. Aber dieser Kriegszug ist kein Spaziergang.«[131] Im Februar 1896 – Ilg weilte immer noch in Zürich – standen sich die Streitkräfte Äthiopiens mit etwa hunderttausend Mann unter Menelik II. und Ras Makonnen und die zwanzigtausend Italiener und eritreische Hilfstruppen unter General Baratieri bei Adua im nördlichen Tigre gegenüber. Dessen Offensive endete am 1. März 1896 mit einer völligen Niederlage. Viertausend Europäer und zweitausend »Askaris« waren gefallen, vierzehnhundert verwundet und achtzehnhundert in Gefangenschaft geraten. Dazu erbeuteten die Äthiopier zahlreiche Gewehre, Munition und die gesamte moderne Gebirgsartillerie.[132] »Crispi und Antonelli ... ernteten den Fluch der bösen Tat und das gute, opferwillige Volk Italiens mußte die Zeche bezahlen ...«[133]

Ilg wurde mit Glückwunschtelegrammen überhäuft, und dabei blieb es nicht. Zur Ausarbeitung des Friedensvertrages konnte sich die neue italienische Regierung nur einen Partner vorstellen: Alfred Ilg. Der Berater des Kaisers Menelik fuhr auf wiederholte dringende Bitten Rudinis nach Rom um mündlich und ohne Aufzeichnungen die wichtigsten Punkte eines dauerhaften Friedens und die Freilassung der Gefangenen zu vereinbaren. Dieser Vertrag, der gleichzeitig die Vereinbarung von Wichale als null und nichtig erklärte, wurde in den Versionen amharisch und französisch verfaßt, so sehr war das Italienische in Verruf geraten.[134] Der Kaiser lud die italienischen Gefangenen zum Essen ein und entließ alle bis Ende des Jahres.

Alfred Ilg kehrte im Mai 1896 nach fast zweijähriger Abwesenheit im Triumph nach Äthiopien zurück, diesmal mit seiner Frau und empfangen von einem selbstbewußten Kaiser. Bereits am 26. Oktober unterzeichneten Italien und Äthiopien das Friedensabkommen, das die Kolonie Eritrea nicht antastete, Grenzfragen aber offen ließ.[135] Welch ein Unterschied! Die angegriffenen Äthiopier trugen dem Angreifer nichts nach, während dieser die Niederlage nie verwand. Mussolinis Völkerbunds-Italien überfiel am 3. Oktober 1935, fast genau vierzig Jahre nach dem Krieg gegen Menelik II., das Völkerbundsmitglied Äthiopien mit Bombern, Panzern und dem Giftgas Yperit und seine

---

131. Paczenski, Die Weißen kommen, S. 83.
132. Ebd., S. 173. Er erwähnt neben den kaiserlichen Maschinengewehren, Remigton-Büchsen etc. Erneut »wetterlys«, das heißt Vetterli-Karabiner.
133. Keller, Ilg, S. 98.
134. Ebd., S. 104ff.
135. Loepfe, Ilg, S. 37f.

Truppen zogen am 5. Mai 1936 in der Hauptstadt ein. Aber schon am 6. April 1941 eroberten britisch-äthiopische Truppen Addis Abeba wieder zurück.[136]

Und wiederum verziehen die Äthiopier dem Angreifer und behielten unter anderen Birra, Spaghetti, Pizza, Aceto und Soave als Lehnwörter im Amharischen.

Noch Jahre nach der Schlacht von Adua, in Addis Abeba war inzwischen ein Denkmal errichtet worden und der 1. März wurde jedes Jahr mit einer Truppenparade feierlich begangen, gehörte es zum Programm von diplomatischen Delegationen die Kampfstätte zu besuchen. »Das einzig Bemerkenswerte auf diesem Marsche«, schrieb ein deutsches Gesandtschaftsmitglied 1906, »sind die in Abständen an der Straße errichteten Warttürme. Sie haben in den Kämpfen der Abessinier mit den Italienern als Beobachtungsposten gedient und halten auch heute noch die Wacht bis zur nahen Grenze der Colonie Eritrea. In Adua ... stehen wir auf dem Boden neuerer Geschichte, auf dem Schlachtfeld..., wo die Abessinier dem Eindringen der Italiener Halt geboten und in blutiger, vernichtender Schlacht für ihre Unabhängigkeit kämpften. Hier festigte Menelik das Werk der Einheit, hier kämpfte der Schoaner an der Seite des Tigreners, der Nord- und Südabessinier Schulter an Schulter ... Man kann das Bergvolk getrost zu dem unseres alten Europas, zu den Schweizern in Parallele stellen. In beiden ist der gleiche Drang nach Freiheit, die gleiche Anhänglichkeit an die Heimat lebendig.«[137]

---

136. Chronik des 20. Jahrhunderts, S. 494, 500, 575.
137. Vollbrecht Hans, Im Reiche des Negus, Leipzig 1906, S. 206f.

Photo 39: Brücke in Addis Abeba, um 1895, Architekt und Bauleiter Ilg, Photo Ilg, VMZ

Photo 40: Kirchenneubau, Raquel, Entotto, um 1895, Architekt Ilg (?), Photo Ilg, VMZ

Photo 41: Wegbau im Areal des Gibbi, nach 1890, Architekt Ilg (?), Photo Ilg, VMZ

Photo 42: Addis Abeba entsteht, Gibbi im Hintergrund, nach 1896, Photo Ilg, VMZ

Photo 43: Audienzhalle und Uhrturm im Gibbi – Eine neue Zeit bricht an, um 1936, Zischka, Äthiopien

Photo 44: Ras Makonnen, Heerführer und Gouverneur, um 1890, Photo Ilg, VMZ

Photo 45: Äthiopische Soldaten (vor einer Parade?), nach 1896, Photo Ilg, VMZ

Photo 46: Äthiopische Kavallerie, nach 1896, Photo Ilg, VMZ

Photo 47: Schlacht von Adua, 01.03.1896. Man beachte die Art, wie die waffenmäßige Überlegenheit der Italiener dagestellt ist, Ilg-Sammlung Zürich

Kapitel VII
Ilg wird Staatsminister – Und bleibt alles andere

Kaiser Menelik II. mußte bereits als König von Schoa in seinem Ingenieur Alfred Ilg mehr gesehen haben als nur den Techniker. Sonst gäbe es keine Erklärung für dessen allmählichen Aufstieg zum Staatsminister. 1879 beim König in der ersten Audienz wurde er gefragt, ob die Briten tatsächlich beabsichtigten, einen Feldzug zur Einsetzung des Sohnes von König Tewdoros zu führen.[138] In den folgenden Jahren erkannte der König die vielseitige Begabung Ilgs und konsultierte ihn zunehmend in politischen Angelegenheiten. Der eigentliche Durchbruch zum Berater in Staatssachen war im Jahre 1889 erfolgt, als Menelik zum Kaiser gekrönt wurde und den verhängnisvollen Vertrag mit Italien abschloß. »In Folge der Schwierigkeiten, die sich durch den Vertrag von Ucialli zwischen Menelik und der italienischen Regierung ergaben, gelangte Ilg am Hofe zu politischem Einfluß...«[139]

Seine nächsten zwei Aufenthalte in Europa dienten denn folgerichtig sowohl der Information über Äthiopien als auch der Kontaktnahme mit Regierungsstellen in der Schweiz und bei den benachbarten Kolonialmächten. Bereits vor seiner offiziellen Ernennung zum Staatsminister hatte sich Ilg als Botschafter Äthiopiens betrachtet, ohne allerdings mehr als eine offiziöse Stellung vorweisen zu können. Am 24. März 1892 hielt er vor der Geographischen Gesellschaft in Zürich ein Referat, worin er erstmals außerhalb seines eigentlichen Wirkungskreises Italien und das Vorgehen Antonellis öffentlich kritisierte. Der italienische Gesandte in Bern Peiroleri lud Ilg daraufhin zu einem Gedankenaustausch nach Rom ein, der dann allerdings ergebnislos verlief. Ilg schlug der schweizerischen Regierung die Aufnahme formeller diplomatischer Beziehungen zu Äthiopien vor. Der Bundesrat erkundigte sich in Paris, London und Berlin und erhielt die Antwort, daß nach dortiger Auffassung Rom für die Außenpolitik des Landes am Horn von Afrika zuständig sei. Bern begnügte sich damit, Ilg »... die besten Wünsche und die freundlichste Gesinnung der Schweiz und ihrer Regierung ...« an die Adresse Kaiser Meneliks II. mitzugeben.[140] Eine

---

138. Keller, Ilg, S. 93.
139. Historisch-biographisches Lexikon der Schweiz, S. 332.
140. Loepfe, Ilg, S. 23.

eigenständige Schweizer Außenpolitik existierte erst in Ansätzen; vielleicht glaubte man auch, wegen der italienisch sprechenden Schweizer den jungen Nationalstaat Italien nicht verärgern zu dürfen.

Ilg, 1895 erneut in Europa, konnte weder verhindern, daß sich Italien mit Frankreich über die künftigen Einflußsphären in Äthiopien verständigte, noch daß sich die Schweizer Regierung nach wie vor gegen die Mitgliedschaft Äthiopiens in der Postunion sträubte. Man wollte in Bern offiziell einer Markenspekulation vorbeugen, tatsächlich hätte die Aufnahme des Landes zumindest indirekt die Anerkennung der Souveränität bedeutet. Überdies sah sich die Schweiz außerstande zu entscheiden, ob der Ucialli-Vertrag richtig oder falsch interpretiert werde. Ein eigentlicher Meinungsumschwung in den Medien der Schweiz gegen Ilg (auch die eigenen Landsleute schenkten der italienischen Presse Glauben) konnte ihn in seiner Überzeugung allerdings nicht irre machen. Italien suchte Ilg zudem durch die Flucht zweier hoch gestellter Äthiopier aus der Schweiz nach Italien zu kompromittieren, allerdings vergeblich, obwohl Außenminister Bundesrat Lachenal keinen Finger zu Gunsten seines Landsmanns rührte.[141] Es sollte der letzte Versuch sein den Thurgauer von der höchsten Stufe seiner Karriere fern zu halten.

Für den Kaiser von Äthiopien wendete sich die Lage nach der Schlacht von Adua dann entscheidend zu seinen Gunsten. Nachdem die Kolonialgefahr fürs Erste beseitigt war, kam die Modernisierung und die Ausdehnung des Landes ganz zur Wirkung. Und erst jetzt ging die Monarchie auch daran, ihre Außenpolitik zu institutionalisieren.[142] Die Ereignisse rund um die Auseinandersetzung mit Italien bedeuteten eine der wesentlichen Zäsuren in der Geschichte des Landes am Ende des 19. Jahrhunderts – und die wichtigste in der Karriere Alfred Ilgs. Eine neue Politik, ein neuer Mann und beachtliche Erfolge: »Nun ... kam die äußere Politik hinzu und Menelik mußte sich auf ein Parkett begeben, das für ihn ungewohnt war und auf dem er sich weniger sicher bewegte ... (als in der Innenpolitik). Die Sachen aber standen so, daß einem geregelten Verkehr mit den auswärtigen Mächten nicht mehr auszuweichen war.«[143]

Am 27. März 1897 wurde Alfred Ilg in Anerkennung seiner Verdienste Außenminister mit dem Rang einer Exzellenz. »Von nun an

---

141. Loepfe, Ilg, S. 34f.
142. Zewde, Ethiopia, S. 157f.
143. Keller, Ilg, S. 118f.

erschien er ... regelmäßig im Gothaischen Hofkalender.«[144] »Offenbar waren der Kaiser, die Großen des Reiches und die Volksmeinung darüber einig, daß Alfred Ilg billiger Weise mit einer so hervorragenden Stellung betraut werden müsse. Man hatte ihn lange genug als Privatmann beansprucht; er hatte dem Staat unschätzbare Dienste geleistet, er hatte sich als zuverlässiger Freund des abessinischen Volkes ausgewiesen, die glänzenden Erfolge von Adua waren gewiß das Werk der tapferen Armee, aber auch Ilg gebührte ein wesentlicher Anteil, da er dem Kaiser oft genug kluge Ratschläge erteilt (und) ihn rechtzeitig auf die heranziehende Gefahr aufmerksam gemacht hatte. Für gewisse Gegner Ilgs, die Ursache hatten seinen geraden Charakter zu fürchten, dürfte diese Wendung nicht übermäßig angenehm gewesen sein. Wie angesehen der Minister noch im Jahre 1912 war, bezeugte der Abessinienreisende Montandon, der von einem Gallahäuptling nach seiner Nationalität befragt wurde und sich als Schweizer legitimierte, worauf der Häuptling meinte: Ah, wie Monsieur Ilg ...«[145] Von seiner Ernennung zum Staatsminister war keine Originalurkunde aufzufinden. Es existiert lediglich ein Photo im Völkerkundemuseum Zürich, ein Entwurf, in dessen französischem Text Menelik II., »Lieutenant de dieu«, Alfred Ilg zum »Conseilleur d'état« macht, ohne daß das Dokument eine Unterschrift trägt.[146] Ausländische Besucher redeten ihn, wie Friedrich Rosen[147] 1905 in deutscher Sprache mit Herr Staatsrat an. Der deutsche Besucher in Addis Abeba schrieb dann über die Gesandtschaftsreise: »... War Herr Ilg ursprünglich als Ingenieur nach Abessinien gekommen, so ist er jetzt sozusagen Minister der öffentlichen Arbeiten. Doch weit unentbehrlicher ist er dem Negus noch in Fragen der äußeren Politik, in denen Herr Ilg sich seit dem Kriege mit Italien zum maßgebenden Berater aufgeschwungen hat.«[148] Einerlei, Alfred Ilg war tatsächlich Minister für fast alles – und der einzige Europäer in einer solchen Stellung im äthiopischen Kaiserreich – und daran änderte sich bis heute nichts.

Der Staatsminister erschien gewöhnlich, wie der britische Sondergesandte Count Gleichen notierte, »... in der äthiopischen Wildnis mit Zweispitz, Frack und Orden als eine echte Überraschung für jeden

---

144. Schmid, Afrikaforscher, S. 14.
145. Keller, Ilg, S. 119.
146. Photosammlung Ilg, Völkerkundemuseum Zürich.
147. Rosen Felix, Eine Gesandtschaftsreise nach Abessinien, Leipzig 1907, S. 188f.
148. Ebd., S. 190.

Neuankömmling. Das Äußere war Ilg zweifellos Ausdruck einer tief geprägten Gesinnung, die keine Halbheiten duldete; eine Anpassung an pittoreske äthiopische Gebräuche schien ihm bestenfalls taktisch sinnvoll ...«[149]

Ilgs erste Aufgabe bestand in der täglichen Information des Herrschers, er las Menelik Depeschen vor, erläuterte Mitteilungen von Diplomaten und übermittelte eine Zusammenfassung über Presseartikel aus Europa. Ilgs Beziehungen zum Kaiser drückte Loepfe folgendermaßen aus: »In diesem recht feinen Spiel von *do ut des* (gib, daß dir gegeben wird), das sich scheinbar zwangsläufig ergab, mußten sich von Zeit zu Zeit Spannungen bemerkbar machen. Ilg wußte die Klippen mit viel Takt zu umschiffen ... Was für den persönlichen Bereich galt, bezog sich auch auf die Konfliktvermeidung in der Außenpolitik.«[150] Im Laufe der Jahre hatten Ilg und der Kaiser – oder umgekehrt – eine Taktik entwickelt, diplomatischer Verhandlungen zu beschleunigen oder zu verschleppen, je nach der Lage. Bei Ilg lag die Initiative, bei Menelik die Entscheidung, und nicht nur in der äußeren Politik.«

Der relative Friede und die Sicherheit in der Nach-Adua-Phase erwiesen sich für Neuerungen als besonders förderlich. Dazu gehörte auch die Einrichtung des Superministeriums[151] Alfred Ilg. Die Stellung als Chef des Protokolls beim Hof und als Privatsekretär des Kaisers behielt er wie selbstverständlich ebenso bei wie seine kommerziellen Aufgaben im Auftrag des Herrschers. Sein Multiministerium beschäftigte sich mit öffentlichen Bauten vom Gibbi bis zur Bahn und setzte die früheren Tätigkeiten des Ingenieurs fort. Mit diesen Arbeiten amtete er gewissermaßen automatisch als Arbeitsminister und rekrutierte das Personal für die zahlreichen Baustellen im ganzen Land. Und insbesondere wirkte Exzellenz Ilg als Außenminister. In dieser Position sah er vor allem drei Hauptaufgaben: die Bewahrung der Unabhängigkeit des Landes bei gleichzeitiger Arrondierung und Sicherung der Grenzen. Dies bedurfte intensiver Kontakte zu den Vertretern der europäischen Mächte, der Imagepflege Äthiopiens auf dem Alten Kontinent und Reisen nach Europa. Während sein Kaiser ebenso wenig außer Landes kam wie die meisten der Gouverneure, Ras Makonnen ausgenommen, mußte Alfred Ilg, wie jeder Außenminister heute auch, Auslandreisen unternehmen.

---

149. Loepfe, Ilg, S. 40f.
150. Ebd., S. 43.
151. Zewde, Ethiopia, S. 158.

Mit dem Sieg von 1896 war das Kolonialgerangel im östlichen Afrika keineswegs zu Ende gegangen. Das Kabinett Salisbury in London hatte Nordostäthiopien der italienischen Einflußsphäre zuerkannt, vor allem um die französische Konkurrenz von den Nilquellen fernzuhalten. Gerade war die Marchand-Expedition von Westen in das Gebiet des Tanasees gestartet. Das gleiche Ziel hatten auch die Mahdisten im Sudan.[152] Frankreich, das den Waffenimport über seinen Hafen Dschibuti nach Äthiopien wohlwollend geduldet hatte, wollte nun den Lohn für seine Hilfe kassieren. Seine Kolonie wurde der offizielle Ausfuhrhafen für das Land, Äthiopien erhielt einen Teil des Territoriums offiziell übertragen und versprach im Geheimen, die französische Politik am Weißen Nil zu unterstützen.[153] Frankreichs Devise »Von Dakar bis Dschibuti« und jene Großbritanniens »Vom Kap bis Kairo« mußten (die Linien hätten sich zwangsweise in Äthiopien überschnitten) eine stete Gefahr für das Land darstellen. Kaum zwei Jahre nach Adua hätte 1898 die deswegen ausgebrochene Faschoda-Krise beinahe zum Kolonialkrieg zwischen Großbritannien und Frankreich geführt. Die französische Erkundung war von achthundert äthiopischen Soldaten begleitet worden, eine nicht ganz ungefährliche Geste gegenüber der führenden Weltmacht London. Marchand kam auf dem Rückweg nach Addis Abeba und war Gast bei Alfred Ilg.[154]

Die Sicherung der Unabhängigkeit erwies sich für den Kaiser und seinen Außenminister als ständiger Balanceakt. Expeditionen, auffallend viele interessierten sich für die Goldländer im Westen und für die Nilquellen, Delegationen und Sondergesandtschaften gaben sich in den letzten Jahren des 19. und in den beginnenden des 20. Jahrhunderts in der äthiopischen Hauptstadt die Klinke in die Hand. Der französischen Delegation Lagarde folgten Leontieff aus St. Petersburg und Rodd aus London. Von da an war es nur noch ein Schritt zur Installation von ständigen diplomatischen Vertretungen in Addis Abeba. Nacheinander errichteten Italien, Frankreich, Großbritannien, Rußland,

---

152. Marcus, Menelik, S. 177f. und Loepfe, Ilg, S. 54.
153. Ebd., S. 179ff; S. 49f. Offenbar ist es ... Alfred Ilg, der Ende Dezember von der Küste nach Schoa zurück gereist war, gelungen den definitiven Text mit Makonnen zu bereinigen. Es handelte sich im Wesentlichen um eine Erweiterung des französisch-schoanischen Freundschaftsvertrages von 1843, neu erscheint die Meistbegünstigungsklausel und die Festsetzung des Importzolles, auch sollte der äthiopische Export in Dschibuti Zollfreiheit genießen.
154. Marcus, Menelik, S. 187, 179ff.

Deutschland und sogar die USA ihre Missionen ein.[155] Und ob Botschafter oder Sondergesandter: Vor einer Audienz beim Kaiser kam keiner an Exzellenz Ilg vorbei, der auch den Ehrentitel Betweded erhalten hatte, was soviel hieß wie der Bewunderte, aber auch Erster Herzog.[156]

Aus dem Jahr 1905 datierte der Bericht des Mitglieds einer deutschen Delegation, Dr. Hans Vollbrecht, über den offiziellen Empfang am Hof des äthiopischen Kaisers[157]: »Im Lager von Akali machte Herr Ilg, Minister des Kaisers Menelik II., unserem Gesandten seine Aufwartung. Das feierliche Zeremoniell für den Einzug wurde festgelegt. ... Der Einzug erfolgte am ... 12. Februar, einem Sonntag. Um sieben Uhr erschien Seine Exzellenz Minister Ilg in goldgestickter Diplomatenuniform auf reich geschirrtem Maultier, ein gleiches Geschenk des Negus für den Gesandten überbringend. Wir kamen zum Außentor des Gebi, vor welchem die Besucher sonst absitzen müssen, (das) war für uns geöffnet, und in geschlossenem Zuge gelangten wir durch die lang gestreckten Höfe an niedrigen Wirtschaftsgebäuden vorbei zu einer zweiten und dritten Pforte, an welcher uns im Namen des Negus Herr Staatsrat Ilg empfing. Zu Fuß betraten wir den letzten Hof, wo im Schatten schlanker Eukalyptusbäume gegenüber der runden Hofkirche eine kleine Audienzhalle steht, ein Holzbau in luftiger durchbrochener Arbeit, halb im ägyptischen Muscharabiestil, halb an die Schweizer Häuschen in Herrn Ilgs Heimat erinnernd.

Vor der Halle traten die Gardekorps an. Wir stiegen die Stufen empor und verneigten uns vor dem Negus, der nur von seinen Vertrauten und einigen Hofchargen umgeben auf einem niedrigen Diwan saß und uns lebhaft bewillkommnete. Rechts vom Thron standen vergoldete Sessel, auf welchen wir Platz nahmen. Gegenüber ließen sich die höchsten Würdenträger nieder, Ras Wolde Gyiorgis und Ras Tasamma; Kamiasmatsch Ypsa, Meneliks Hofrendant [Hofrechnungsführer] und Palastverwalter, Staatsrat Ilg und ein paar graubärtige Generäle. Nach Erledigung der Begrüßung und der üblichen Fragen nach Befinden und Wohlergehen bat unser Gesandter um die Erlaubnis, dem König der

---

155. Hahn, Äthiopien, S. 16. Italien war seit 1879 durch einen Sondergesandten vertreten, bis 1892 durch Graf Pietro Antonelli (zuerst nicht beim Kaiser, sondern am Hof des schoanischen Königs in Ankobar, dann in Entotto).
156. Zewde, Ethiopia, S. 175. Ras Tasamma, der Regent für den minderjährigen Kaiser Yasu, wurde auch als Bitwodded bezeichnet.
157. Vollbrecht, Gesandtschaftsreise, S. 59, 67.

Könige von Äthiopien die Gaben zu überreichen, welche Seine Majestät unser Kaiser uns zu überbringen befohlen hatte. Der Negus drückte durch eine leichte Verbeugung seine Zustimmung aus. Erwartungsvolle Stille herrschte.

So trat unser Gesandter, gefolgt von Graf Eulenburg, vor den Throndiwan hin, um dem Beherrscher Äthiopiens als Erstes das Großkreuz des Roten Adlerordens zu überreichen, das ihm Seine Majestät unser Kaiser verliehen hatte. Kurze der Bedeutung des Augenblicks entsprechende Worte begleiteten den feierlichen Akt. Die Gardekorps präsentierten, auf der nahen Terrasse wurde Salut gefeuert. Menelik, der sich von seinem Sitz erhoben hatte, verbarg die lebhafte Genugtuung nicht, die er empfand. Auf seinem Wunsch wurden ihm die Abzeichen des hohen Ordens, den Graf Eulenburg auf einem seidenen Kissen in den deutschen Farben gehalten hatte, sofort angelegt, Stern, Kreuz und das breite von Schulter zu Hüfte reichende Ordensband. Zum Herrscher geboren, machte Menelik bei dieser Szene vorzügliche Figur, und voller Bewunderung lagen auf ihm die Blicke seiner Großen und Vertrauten. Herr Ilg hatte die begleitenden Worte unseres Gesandten mit lauter Stimme ins Amharische übersetzt, jedermann würdigte die in der Verleihung eines hohen Ordens gelegene Wertschätzung. Menelik wurde diesmal wieder offiziell als Majestät tituliert.«

Hinter Alfred Ilg stand zwar der äthiopische Kaiser, aber weder eine der Kolonialmächte noch die als Macht unbedeutende Schweiz: Trotzdem gelangen ihm gerade im dritten Bereich seiner außenpolitischen Tätigkeit, der Imagepflege seines Gastlandes, besondere Erfolge. Vereinfacht ausgedrückt bestand diese in der Devise: europäische Technik nach Äthiopien, äthiopische Kultur nach Europa. »Kaiser Menelik selbst ist der europäischen Arbeit, ich will nicht sagen Kultur, sehr zugänglich, speziell in seiner Hauptstadt Addis Abeba und deren Umgebung sieht man Straßen, Brücken, Häuser nach europäischem Stil«, damals entstand das heute Piazza genannte Kaufmanns- und Handwerkerviertel, »und er bedient sich schon seit Jahren auch der Hilfe von Maschinen.«[158]

Alfred Ilg reiste 1882, 1887, 1892, 1895, 1900, 1902 und 1903, also sieben Mal in die Ferien nach Europa. Diese Reisen waren ebenso gefährlich wie notwendig. Gefährlich, weil seine Abwesenheit von den Gegnern zu Intrige und Untergrabung seiner Stellung benutzt wurden. Notwendig zum einen, weil viele Dinge nur hier besorgt werden

---

158. Hentze Willy, Am Hof des Kaisers Menelik von Abessynien, Leipzig 1905, S. 8.

konnten: Saatgut, Werkzeuge, Maschinen, Waffen und die Kenntnis neuer Werkstoffe und Herstellungstechniken. Zum anderen, weil sich nur so der souveräne Staat Äthiopien in Europa, das die Welt beherrschte, einen Namen machen konnte. Ilg gelang daneben noch ein Übriges: Er machte das Land Kaiser Meneliks II., seine Menschen und seine Kultur regelrecht populär. Kein Wunder, daß Äthiopien immer wieder Schweizer anzog. Noch aus neuerer Zeit stammen zwei grundlegende Werke über das Land vom Schweizer Georg Gerster.[159] Alfred Ilg brachte es fertig, zwar nicht Schweizer Kultur nach Äthiopien zu verpflanzen, dafür aber erfolgreich den umgekehrten Weg zu gehen. In zahlreichen Schreiben an seine Bekannten, in vielen Vorträgen vor Gesellschaften im ganzen Land, in mehreren Ausstellungen[160] über einheimisches Handwerk und in zahlreichen Publikationen[161] brachte er das Land der Schweiz und damit auch Europa näher.

Bei Ilgs Aktivitäten als Minister stellten sich von Beginn an auch gewisse Schwachstellen ein: Zuerst verursachte ein solches Superministerium ohne klar abgegrenzte Kompetenzen und Aufgaben ein gerütteltes Maß an Arbeit. Dann war da die bisweilen schwankende Haltung des Kaisers[162] selbst, die ständigen Intrigen – ein anderer Begriff gäbe die Fakten ungenau wieder – der rivalisierenden Diplomaten und schließlich die Tatsache, daß Ilg neben seinem amtlichen Funktionen, die ja nicht honoriert wurden, von seinen Gutserträgen lebte und nebenbei das Vizepräsidium der Eisenbahngesellschaft Companie Impériale innehatte, einer rein kommerziellen Unternehmung, aber von immensem Interesse für das Land.

1893 war die Eisenbahngesellschaft gegründet worden, 1894 hatte Ilg die Konzession erhalten, 1897 war mit dem Bau begonnen worden,

---

159. 1974; »Äthiopien« und »Kirchen im Fels«.
160. Sammlung Ilg, Völkerkundemuseum Zürich.
161. Schmid, Afrikaforscher, S. 17, Publikationen: »Das Gerichtswesen in Abessinien«, Jahresbericht der Geographisch-ethnographischen Gesellschaft, Zürich 1912. »Studien über die Heeresorganisation der Abessinier«, Schweizerische Monatsschrift für Offiziere aller Waffen, 1896. »Über die Verkehrsentwicklung in Äthiopien«, Jahresbericht der Geographisch-ethnographischen Gesellschaft, Zürich 1899/1900. »Zur Geschichte der äthiopischen Eisenbahn«, Jahresbericht der Geographisch-ethnographischen Gesellschaft, Zürich 1909/10. Katalog der ethnographischen Sammlungen aus Abessinien, Zürich 1891. Vorträge: »Eine Reise nach dem Zuaisee«, gehalten in der geographischen Gesellschaft, Zürich 1893. »Eine Reise ins Land der Wollega-Galla«, gehalten am Schweizer Geographentag, St. Gallen 1895. »Der Konflikt Italien-Abessinien«, gehalten in der geographischen Gesellschaft, Zürich 1896.
162. Vgl. Kapitel 9.

Ende 1902 mußten ohne ersichtlichen Grund auf Befehl des Kaisers die Arbeiten eingestellt werden. Ilg erwirkte zwar eine Zurücknahme der Order, mußte aber bald erkennen, daß die italienische Gesandtschaft hinter den Machenschaften steckte. Der Kaiser glaubte, Ilg stehe im Sold der französischen Regierung und der britische Gesandte Harrington hoffte 1902, »... that his influence will never again be what it was...«[163] Der französische Geschäftsträger Lagarde sah sein Ansehen und die Eisenbahnangelegenheit in gleicher Weise gefährdet wie jene Ilgs. Prompt kam der Kaiser dann auch nicht zur Eröffnung der Teilstrecke Dschibuti-Dire-Dawa und bereitete statt dessen für den 1. März 1903 eine pompöse Adua-Gedenkfeier vor, an der hunderttausend Soldaten teilnahmen. Harrington ließ Ilg durch sein Personal regelrecht überwachen und dieser reichte darauf hin Ende Februar 1903 seine Demission ein, etwas, was in Äthiopien zuvor nie geschehen war.

Wenn der italienische Gesandte Ciccodicola seiner Regierung berichtet hatte, Ilg »... sei kein solcher Mann, der nachgibt, ohne vorher alle möglichen Mittel ausgeschöpft zu haben, um seine Position wieder zu gewinnen...«[164], sollte er Recht behalten. Übergangslos und ohne jede Erklärung zog der Kaiser seinen Staatsminister wieder zu Rate, wie die Gesandten ihren Regierungen im Frühling 1903 eifrig berichteten.[165] Ilgs stets unparteiisches Verhalten bewahrte ihn aber nicht davor, schlußendlich auch mit Frankreich wegen der Eisenbahn in Konflikt zu geraten, wenn auch erst nach seiner Demission. Der Staatsminister verließ noch im Juni des gleichen Jahres[166] Äthiopien in Richtung Heimat, da er seine Familie für diesmal zurückgelassen hatte. Es sollte die letzte Hin- und Rückreise nach der Stätte seines Jahrzehnte dauernden Wirkens sein.

---

163. Loepfe, Ilg, S. 110ff.
164. Non è uomo da cedere senza aver prima escogitato tutti i mezzi possibili per riconquistare il suo posto.
165. Loepfe, Ilg, S. 110f.
166. Ebd.

Kapitel VIII
Das neue Äthiopien entsteht – Ein Werk des Kaisers und seines Schweizer Beraters

Ingenieur Alfred Ilg war seit seiner Ankunft in Ankober im Jahre 1879 nicht nur mit technischen Problemen konfrontiert, er wuchs nach und nach, begünstigt durch seine Sprach- und Landeskenntnisse, in die Rolle eines politischen Beraters hinein. »Es ist wohl keine Übertreibung, wenn man festhält, daß während (der) Instruktionsstunden zwischen dem jungen Ingenieur und dem äthiopischen Fürsten jene Vertrauensbasis entstand, die Vorbedingung für den Aufstieg Ilgs während der politischen Krisen der neunziger Jahre des 19. Jahrhunderts war.«[167] Der französische Schriftsteller Arthur Rimbaud, der sich in Harar mehr als Waffenhändler denn als Poet betätigte, »... glaubte, Ilg verdanke seine offensichtliche Gunst bei Menelik hauptsächlich der Kenntnis des Amharischen und seiner Ehrenhaftigkeit. Wo Forschungsreisende und Kaufleute den Negus mit verschiedenen Projekten bedrängten, scheint sich Alfred Ilg vorsichtiger Zurückhaltung befleißigt zu haben.«[168] Wo jedoch Äthiopiens Unabhängigkeit und Expansion den Gegenstand von Überlegungen am königlichen und später kaiserlichen Hof bildeten, waren die Ratschläge Ilgs nüchtern wie in technischen Belangen, ließen aber an Deutlichkeit nichts zu wünschen übrig. Innen- und Außenpolitik waren dabei von 1891 bis 1906 nur schwer zu trennen: »Es kann kaum ernsthaft bestritten werden, daß der Betweded und sein Dienstherr gleichermaßen Äthiopiens Herrschaft auf Regionen ausdehnen wollten, die einst zum alten Äthiopien gehört haben mochten und bis zur Mitte der neunziger Jahre noch von keiner europäischen Macht okkupiert worden waren.«[169] Das blieb auch den europäischen Diplomaten im Land nicht verborgen, aber der Kaiser und Ilg verstanden es ausgezeichnet, jeder Provokation oder gar Konfrontation nach dem Jahr 1896 auszuweichen.

Meneliks II. Expansion des äthiopischen Territoriums war mehr als nur die Fortsetzung der Dynamik des schoanischen Königshauses in Ankober, Entotto und schließlich in Addis Abeba, es war auch die

---

167. Loepfe, Ilg, S. 10.
168. Ebd., S. 12f.
169. Ebd., S. 53.

Antwort auf die neue koloniale Herausforderung der Europäer am Horn von Afrika.[170] Menelik befand sich bereits als König im Zugszwang, denn Addis Abeba lag exponiert ganz im Süden des schoanischen Territoriums. 1882 war Goddscham im Westen dazu gekommen, 1886 Wollo im Osten und 1887 das an einer der wichtigsten afrikanischen Handelsrouten gelegene Harar im Südosten. 1885 hatten die Ägypter das Sultanat verlassen und der Emir Abdullahi blieb mit völlig ungenügendem militärischen Potential zurück. Die Schlacht an Weihnachten des Jahres dauerte ganze fünfzehn Minuten,[171] dann war der König von Schoa im Besitz von Stadt und Provinz Harar. Er hatte damit das Territorium Äthiopiens noch vor seiner Krönung zum Kaiser beinahe verdoppelt, und Addis Abeba kam immer mehr in die Mitte des Reiches zu liegen. Ungeachtet der Probleme mit Italien oder gerade deswegen proklamierte der nunmehrige Kaiser die zukünftigen Grenzen des Reiches und eroberte bis 1895 auch Bale und Arussi im Süden, deren Gebiet so groß war wie Wollega und Harar zusammen. Bei dieser zweiten Expansionsphase spielte nicht zuletzt die große Hungersnot von 1888 bis 1892 eine Rolle; diese Gebiete waren zum Teil Amhara-Siedlungsland geworden und sie sollten die Ernährung des Reiches für die Zukunft sicherstellen.

Die letzte Phase der Ausdehnung erfolgte in den Nach-Adua-Jahren von 1896 bis 1906: Kaffa, Borena und Ogaden verdoppelten das Territorium nochmals und 1909 kamen schließlich noch Jimma und Afar dazu, angrenzend an die Kolonialgebiete der Italiener in Eritrea, der Franzosen in Dschibuti und der Briten in Somalia.[172] Die Jahre 1897 und 1898 stellten den Höhepunkt der äthiopischen Expansion dar; nicht weniger als sechs militärische Vorstöße bewegten sich nach allen Richtungen[173]: General Michel (neben Asfra und Imani einer der Heerführer, der nicht dem Königsclan entsammte) stieß von Gore nach Nasser vor, Ras Tesemma bis fast zum Weißen Nil, Ras Makonnen nach Nordwesten, Ras Wolde Gyiorgis nach Kaffa, General Imani zum Omo im Süden und General Asfa nach Ogaden im Südwesten. Aber die Verantwortlichen der Expansionspolitik waren klug genug, eine direkte

---

170. Zewde, Ethiopia, S. 152ff, S. 167f.
171. Marcus, Menelik, S. 89ff.
172. Hahn, Äthiopien, S. 54.
173. Loepfe, Ilg, S. 52.

Konfrontation mit Großbritannien in Faschoda zu vermeiden und verzichteten auf weitere Militäraktionen in Richtung zum Weißen Nil.[174]

Somit wurden alle neuen Territorien durch Krieg gewonnen, aber überwiegend rasch befriedet und assimiliert, hatten sie doch fast alle einmal zu Äthiopien gehört. Bei diesen riesigen Gebieten (Äthiopien war auf das Fünffache von 1879 angewachsen) sprach Hahn[175] vom »Werden des imperialistischen Äthiopien«. Aber es war ein Imperialismus, der historisch begründet und aus einer Zwangslage heraus erwachsen war. Erstens strömten Siedler während der großen Subsistenzkrise scharenweise in den fruchtbaren Süden. Die Armut der nördlichen Provinzen manifestierte sich noch 1893 in den mageren Tributen, welche an den Kaiserhof flossen: Während die Dajatsch (Gouverneure) Birru und Meschescha zehn und sieben Gewehre sandten und der Steuereinnehmer von Begemder einen Maulesel mit äthiopischer Tracht, kamen aus Wollega fünfhundert Unzen Gold, Elfenbein und eine große Menge von Getreide.[176] Zudem verliefen die Haupthandelsströme vom heutigen Uganda über Gondar nach Massaua oder über Harar nach Zeila und Dschibuti.[177] Letztlich war der Landgewinn schlicht eine Existenzfrage für Äthiopien: Entweder gewann der König und spätere Kaiser diese Gebiete oder sie fielen an die Kolonialmächte. Das Äthiopien vor 1882 mit begrenzten Ressourcen und geringer Bevölkerung wäre wohl nicht in der Lage gewesen, sich der Aufteilung durch Großbritannien, Italien und Frankreich zu widersetzen.

Expansion und Abwehr der Kolonialisierung forderten in all den Jahren ein ständiges Lavieren der äthiopischen Politik[178], dabei wäre eine grundsätzliche Unterscheidung von Innen- und Außenpolitik kaum sinnvoll. Die Eingliederung der neuen Gebiete erfolgte auf zwei verschiedene Arten: Lokale Fürsten behielten eine gewisse Autonomie, hatten jedoch regelmäßig Tribute zu entrichten, Garnisonen der kaiserlichen Truppen aufzunehmen und dem Reich Soldaten zu stellen. Dazu gehörten die Oromo-Königreiche im Süden und Westen, aber auch die Afar-Region im Osten. Jene Generäle, die bei der Eroberung der anderen Territorien eine führende Rolle gespielt hatten, wurden Gouverneure wie die Ras Tesemma in Illubabur, Wolde Gyiorgis in Kaffa und

---

174. Loepfe, Ilg, S. 54.
175. Äthiopien, Ausstellungskatalog, S. 54.
176. Marcus, Menelik, S. 139f.
177. Zewde, Ethiopia, S. 159.
178. Küng, Vorlesungen am Institut für Äthiopische Studien, Addis Abeba 1998.

Makonnen in Harar. Alle eroberten Gebiete unterlagen der wirtschaftlichen Ausbeutung bis hin zum Sklavenhandel[179], die amharische Herrschaft und Staatssprache beeinträchtigte auch die kulturelle Tradition besonders der Oromo.[180]

Als aufrichtiger Freund Äthiopiens befürwortete Ilg seit den achtziger Jahren die Expansion des Reiches, war aber jedem Abenteuer abhold. Seine Rolle konnte auch den Gesandtschaften nicht verborgen bleiben. In Europa ging im September 1897 das Gerücht um, der Staatsminister sei wegen Hochverrats eingekerkert worden, wie der »Daily Mail« in London schrieb. Schweizerische Zeitungen waren jetzt aber im Gegensatz zur Epoche von Adua zur Verteidigung Ilgs bereit. Er sei kein Günstling, sondern ein gediegener Mann, schrieben die »Aargauer Nachrichten«, das »Journal de Genève« hatte ihn bereits 1896 als große Persönlichkeit gefeiert.

»Die Vergrößerung des Reiches im Westen und Süden«, der äußerste Osten kam teilweise erst in der Nach-Ilg-Aera dazu, »ist der Initiative (Ilgs) zu verdanken, der den immer wieder zaudernden Kaiser mitriß. Daß die Goldländer am Westrand der abessinischen Bergfestung zu Äthiopien kamen, daß die Boran-Galla unterworfen wurden und die Grenze bis an den Dschuba beziehungsweise bis nach Lugh vorgeschoben wurde, daß Harar dauernd besetzt blieb, ist das eigentliche Verdienst des Schweizers für das Kaiserreich.«[181]

Ilg war es gewohnt Karten zu lesen. Menelik II. konnte zwar an geografischen Details nicht einfach uninteressiert sein, aber er überließ sie im Wesentlichen seinen Beratern.[182] Die zahlreichen Expeditionen der Briten und Franzosen im Sudan machten den äthiopischen Hof in den

---

179. Äthiopische Sklaven tauchten auf den Märkten des Türkischen Reiches offenbar in größerer Zahl auf. 1837 kaufte der deutsche Fürst Pückler in Kairo eine junge abessinische Schönheit namens Ajiame (Klessmann Eckart, Fürst Pückler und Machbuba, Berlin 1998). 1883 tauschte König Menelik Sklaven aus Jimma, Leka, Guma und Gera gegen Waffen ein (Marcus, Menelik, S. 73). 1889 versklavte der Mahdi von Sudan achttausend gefangene äthiopische Frauen und Kinder (Marcus, Menelik, S. 101).
180. Zewde, Ethiopia, S. 155. Erst das Äthiopien unserer Tage beginnt mit einer Regionalisierung der Republik, in dem die Provinzen mehr Eigenständigkeit in ihrer Kultur, in Sprache und Schule. Dies ist heute auch deswegen einfach durchsetzbar, weil Englisch ohnehin die Unterrichtssprache an Mittel- und Hochschulen sowie an der Universität ist.
181. Vadiana, NZZ, Nr. 47., 16.01.1916.
182. Marcus, Menelik, S. 183. When it came to the final settlement, however, Menelik claimed ignorance of geographic details and suggested that Ras Makonnen be summoned to the capital to lead the discussions.

neunziger Jahren hellhörig, galten sie doch als eine Art Vorbereitung kommender militärischer Aktionen. Ilg sah voraus, daß Äthiopien zu kurz kommen mußte, ja in seinem Bestand gefährdet war, wenn es nicht energisch eingriff.[183] Großbritannien zeigte Interesse am fruchtbaren Bergland Kaffa, Italien gab sich nur nach außen zufrieden und auch die französischen Ambitionen waren noch nicht zum Stillstand gekommen; das zeigte 1898 die Marchand-Expedition. Im gleichen Jahr fiel Kaffa wieder zurück an Äthiopien. Es hatte sich, als die Italiener und Sudanesen den Kaiser Joannes hart bedrängten, unter König Sawo selbständig zu machen versucht. »Der König ... ließ die christlichen Kirchen verwahrlosen, begünstigte den Islam und sperrte seine Grenzen gegen die Fremden.«[184] Als er sich im Oktober dem Cousin des Kaisers, Ras Wolde Gyiorgis, ergeben mußte und gefangen nach Addis Abeba gebracht wurde, blieb die Krone[185] vorerst unauffindbar. Als sie endlich in einer Waldkapelle entdeckt wurde, schenkte sie der Kaiser Alfred Ilg. Sie befand sich Jahrzehnte lang im Besitz der Familie des Thurgauers. Erst in den fünfziger Jahren unseres Jahrhunderts bettelte der Kanton Zürich sie der Witwe Ilg ab, um sie dann Kaiser Haile Selassie I. als großzügiges Geschenk zu übergeben, im Sinne einer Wiedergutmachung für die fast feindselige Haltung der Schweiz in der Zeit des italienischen Feldzuges 1935/36 gegen Äthiopien.[186]

Ras Wolde Gyiorgis stieß auch an den Rudolfsee im Süden vor und hißte dort die äthiopische Flagge. Alfred Ilg sandte den französischen Forschungsreisenden Léon Daragon nach, um Karten dieses Gebiets am 5. Grad nördlicher Breite zu erstellen. Während Ras Tasamma bis zum Weißen Nil vorstieß, seine Truppen aber in der Faschoda-Krise bis Metemma, der Todesstätte von Kaiser Joannes zurücknehmen mußte, und der Genfer Maler Maurice Potter in einen tödlichen Hinterhalt geriet, operierte Ras Makonnen erfolgreich gegen die Mahdisten im Norden des Landes. Frankreich und Äthiopien mußten ihre Ambitionen auf den Weißen Nil noch im gleichen Jahr 1898 endgültig aufgeben. Am 12. Dezember räumte Marchand Faschoda und traf am 10. März in Addis Abeba ein. Großbritannien und Frankreich verständigten sich 1899 über ihre Kolonialpolitik im Sudan-Vertrag: Der Tschad

---

183. Keller, Ilg, S. 163f.
184. Ebd., S. 165.
185. Die Krone befindet sich heute im Museum des Instituts für Äthiopische Studien der Universität Addis Abeba.
186. Mitteilung Iris Zwicky, 1999.

fiel an die Franzosen, der Sudan an die Briten.[187] Immerhin gelang es Äthiopien in den Jahren von 1897 bis 1906, seine Grenzen gegen die kolonialen Nachbarn festzulegen, nicht zuletzt mit tatkräftiger Hilfe des Staatsministers. Im August 1897 verhandelte Major Nerazzini[188] im Auftrag des italienischen Königs über die Grenzen zu Eritrea, Sarue und Agabe blieben bei Äthiopien. Gegen das italienische Somaliland verlief die Grenze auf einer geraden Linie hundertachtzig Meilen von der Küste am Fluß Djuba im Norden bis Bardera und Lugh im Süden. 1902 und nochmals 1907 legten Äthiopien und Großbritannien die Westgrenze am Fuß des Bergmassivs von Begemder bis Kaffa fest. Die Grenze gegen Dschibuti war bereits vor der Schlacht von Adua mit Frankreich zu Gunsten Äthiopiens bereinigt worden, allerdings wurde die Afar-Region erst nach 1909 vom Kaiserreich in Besitz genommen.[189] Diese Einigungen waren erst zustande gekommen, als Äthiopien die Benützung der Bahn für kommerzielle Zwecke allen kolonialen Nachbarn erlaubte; so bedeutend war der Bahnbau auch für die Politik.[190]

Im Januar 1906 einigten sich in Algericas die Äthiopien umgebenden Kolonialmächte über ihr weiteres Vorgehen in Afrika und am 4. Juli unterzeichneten sie die sogenannte Tripartite-Übereinkunft.[191] Jetzt war es der französischen Eisenbahnkompanie möglich, das letzte Teilstück der Bahn von Dire-Dawa nach Addis Abeba in Angriff zu nehmen; die Querelen mit Frankreich betreffend die Kontrolle der Bahn wurden aber nach zähen Verhandlungen erst am 30. Januar 1908 beigelegt – der Kaiser von Äthiopien mußte nicht mehr befürchten, daß der Schienenweg für eine Invasion mißbraucht würde.[192] Und Äthiopien selbst war damit gewissermaßen neutralisiert.

---

187. Geiß Immanuel, Chronik des 19. Jahrhunderts, Augsburg 1996, S. 847ff.
188. Keller, Ilg, S. 164.
189. Hahn, Äthiopien, S. 54.
190. Marcus, Menelik, S. 204ff.
191. Chronik des 20. Jahrhunderts, S. 74.
192. Marcus, Menelik, S. 204ff. The Tripartite Treaty recognised the right of the French Company to continue construction from Dire Dawa on condition that it practised no discrimination in matters of trade and transit ... On 30th January 1908, after months of hard bargaining, Menelik granted a new concession in which Ethiopia's control over its section of the line was strengthened ... The treaty stemmed from an early French idea to neutralise Ethiopia in order to safeguard France's economic interests; and from a British belief that the best way to guarantee permanent non-interference in Ethiopia's Nil sources and to decrease European rivalries was to predetermine each power's vital concerns in the Ethiopian empire.

In der Außenpolitik fand sich von den Mitgliedern der kaiserlichen Familie lediglich Ras Makonnen gut zurecht, er war als Einziger mehrmals im Ausland gewesen. Staatsminister Ilg blieb nicht nur bei der Planung, sondern auch bei der Durchführung der äußeren Angelegenheiten ein weites Feld. Anders lagen die Dinge in der Innenpolitik oder besser in der Phase der Expansionspolitik. Dort blieb sein Einfluß auf Gebiete beschränkt, die nicht in die Kompetenzen der Generäle aus dem Kaiserclan und der übrigen Heerführer fielen. Das hieß, wenn sich auch der Kaiser die letzten Entscheidungen vorbehielt, daß Ilgs Rat in den innenpolitischen Angelegenheiten geschätzt wurde, aber die salomonischen Militärs und Gouverneure die erste Stelle als Berater inne hatten. Trotzdem war der Anteil Ilgs an der Schaffung und Stabilisierung des neuen Reiches noch bedeutend genug, vor allem deswegen, weil sich Innen- und Außenpolitik bei den Grenzfragen, beim diplomatischen Verkehr oder beim Bahnbau ständig überschnitten.

Ein diplomatischer Besucher Äthiopiens im Jahre 1905 schrieb dazu[193]: »Herr Ilg hat kein bequemes Leben ... Unzweifelhaft verfügt (er) über manche Ingredienzien diplomatischer Begabung, ein klares Urteil, Geschäftskenntnis und Arbeitskraft ... Herr Ilg ist zu klug um sich in die innere Politik Abessiniens zu mischen. Was er nicht ändern kann, läßt er seinen Weg gehen. Er ist zwar Inhaber eines Lehens, das ihm der Negus ... statt eines Gehaltes zugewiesen hat, hütet sich aber sichtbar, sich mit den abessinischen Lehensträgern in eine Reihe zu stellen. Denn der Abessinier vermag den Ausländer, zumal wenn er nützliche Arbeit leistet, in seiner Sonderstellung als Fremden sehr wohl anzuerkennen, aber als gleichberechtigt wird er ihn nie gelten lassen, schon deshalb, weil er arbeitet.«

---

193. Rosen, Gesandtschaft, S. 189f.

Photo 48: Alfred Ilg in Uniform des Staatsrates, um 1897, B. Zwicky, Orden

Photo 49: Briefcouvert an Staatsminister Exzellenz Ilg, mit äthiopischen Briefmarken, 1903, Ilg-Ausstellung, Greuterhof

Photo 50: Staatsminister Ilg in Uniform zu Pferd, Photo Ilg, VMZ

Photo 51: Französische Mission (?) Graf Guibourgere, um 1900, Photo Ilg, VMZ

Photo 52: Österreichisch-Ungarische Mission, 1905, Admiral Höhnel, Graf Schönborn, Prinz Hohenlohe und Ras Wolde Gyiorgis, Photo Ilg, VMZ

Photo 53: Deutsche Mission, Minister Rosen, Graf Eulenburg, Kommerzialrat Bosch, Konsul Schuler, 1905, Photo Ilg, VMZ

Photo 54: Alfred Ilg (ganz rechts) mit der deutschen Mission, Pankhurst/Gerard, Ethiopia Photographed

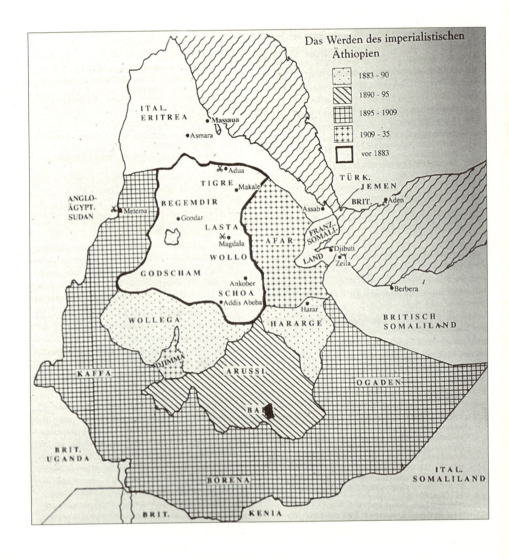

Photo 55: Das Werden des imperialen Äthiopiens, Hahn Äthiopien

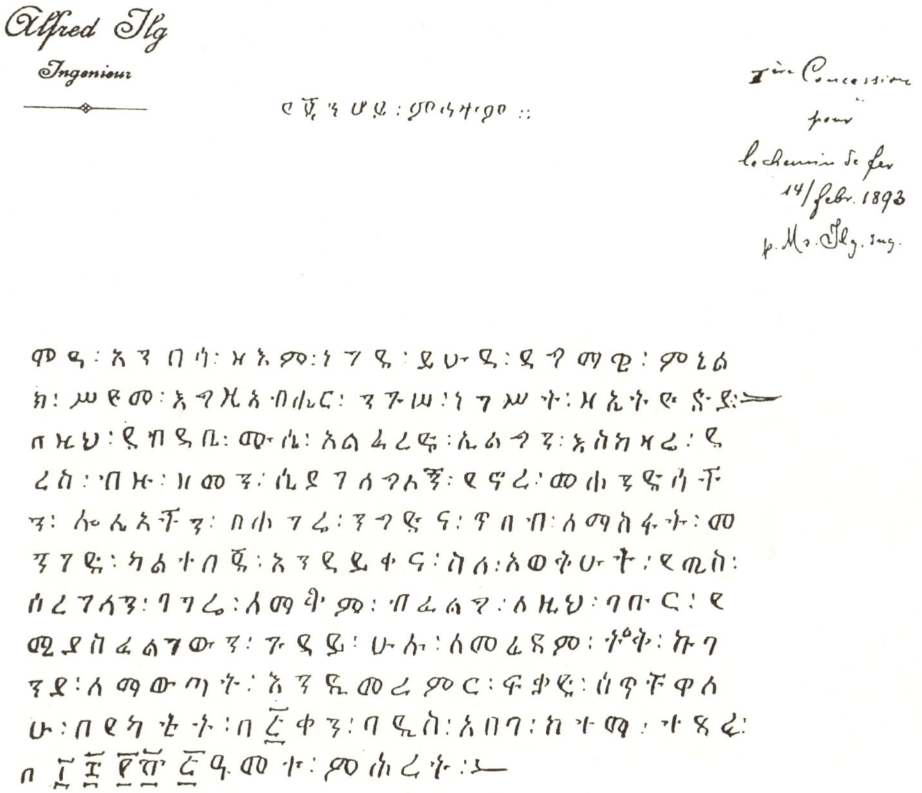

Alfred Ilg
Ingenieur
———◆———

የ፲፪ሃይ፡ምሳሴም።

1ère Concession
pour
le chemin de fer
14/febr. 1893
p. M. Ilg. Ing.

ሞዓ፡እንባሳ፡ዘእም፡ነገደ፡ይሁዳ፡ዳግማዊ፡ምኒል
ክ፡ሥየመ፡እግዚአብሔር፡ንጉሠ፡ነገሥት፡ዘኢትዮጵያ፦
ጠዚህ፡ደብዳቤ፡ሙሴ፡አልፈረዊ፡ኢልግ፡እስካዛር፡ዳ
ረስ፡በዙ፡ዘመን፡ሴያገገለኝ፡ዳኑረ፡መሕንፍሳቸ
ን፡ሉፊኦቸን፡በሕገሬ፡ንዳና፡ፕበብ፡ለማስፋትመ
ንገዳ፡ካልተበጀ፡እንደተናስሊ፡አወቅሁት፡ዳዊስ፡
ሰረገሳን፡ገገሬ፡ለማቅም፡ብፈልገ፡ለዚህ፡ግበር፡ዳ
መያስፈልገዉን፡ጉዳይ፡ሁሉ፡ሰመፈደም፡ቶቶ፡ኩገ
ደይ፡ለማውጣት፡እንዳመርም፡ፍቃዴ፡ሰጥቻዋለ
ሁ፡በየካቲት፡በ፯ቀን፡ባዊስ፡አበባ፡ክተወለ፡ተፀረ
ባ፲፰፻፸፪ዓመት፡ምሕረት፦

Photo 56: Erlaubnis zur Gründung einer Eisenbahngesellschaft, 1893,
Ilg-Ausstellung, Greuterhof

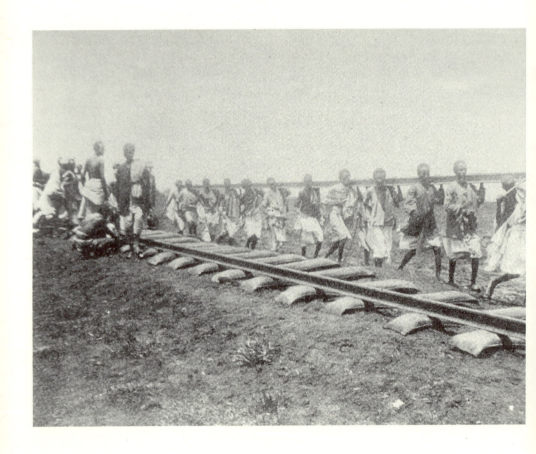

Photo 57: Äthiopische Arbeiter beim Bahnbau, um 1900, Pankhurst/Gerard, Ethiopia Photographed

Photo 58: Viadukt von Holl-Holl auf der Strecke Dschibuti-Dire Dawa, um 1900, Architekt und Bauleiter Ilg (?), Photo Ilg, VMZ

Photo 59: Bahnhof von Dire-Dawa, nach 1903, Architekt Ilg, Photo Ilg, VMZ

Photo 60: Dampflokomotive, nach 1903, Rollmaterial Sulzer, Winterthur, Photo Ilg, VMZ

Photo 61: Harar mit Moschee, um 1900, Photo Ilg, VMZ

Photo 62: Französische Expedition Capitaine Marchand, 1898 (Faschoda-Krise), Photo Ilg, VMZ

Kapitel IX
Der Kaiser ist krank – Ilg verläßt das Land

Die Schwerpunkte der fast zehnjährigen Tätigkeit Alfred Ilgs als Staatsminister in Äthiopien lagen zu Beginn bei der Bewahrung der Unabhängigkeit, dann bei der Vergrößerung und Ausgestaltung des neuen Reiches und zuletzt im Ausbau der Volkswirtschaft.[194] 1899 erhielt er vom Kaiser die Konzession, Gold, Silber und andere Bodenschätze in der Provinz Wollega im Westen auszubeuten und dazu Telegraphenleitungen, Kanäle und Straßen zu erstellen, Pulver und Dynamit zu verwenden. Die Minengesellschaft konnte sich frei bewegen und Streitfälle durch eine eigene Gerichtsbarkeit regeln. Acht Prozent des Erlöses sollten als Steuer an den Kaiser gehen, dem dazu fünf Prozent der Aktien abzutreten waren. Auch dieses Unternehmen bescherte Ilg neben Erfolgen manche Probleme. Léon Chefneux, Ilgs langjähriger Geschäftspartner und Präsident der Eisenbahngesellschaft, wollte den russischen Abenteurer Graf Leontieff ins Geschäft bringen ohne Ilg um seine Meinung zu fragen. Darüber kam es sogar zu einem Prozeß, den Ilg zwar gewann, doch die Prozeßkosten blieb der Herr aus Rußland schuldig. Die belgische Minengesellschaft fahndete erfolgreich nach Obsidianen und fand auch Braunkohlenvorkommen. Das erwies sich als keineswegs unwichtig für das Land, in dem zwar Holz nur zum Bauen und Kochen und nicht zum Heizen benutzt werden mußte, aber der Raubbau am Wald doch schon weit fortgeschritten war. 1901/2 tauchte der Plan auf, die Wasserkräfte des Tanasees zu nutzen und den Blauen Nil zur Bewässerung des Sudan zu verwenden. Ilg berichtete dem englischen Gesandten Harrington, daß auch Menelik II. an diesem Projekt interessiert sei: »Sa Majesté l'Empereur ... n'a aucune intention de donner une concession regardant le Nil Bleu et le Lac Tsana à d'autres qu'au Gouvernement de Sa Majesté britannique ...« Ilg erhielt auch dafür eine Konzession, der kühne Plan kam jedoch nicht zur Ausführung.

Auf seiner zweitletzten Reise nach Europa hatte Ilg auf Wunsch des Kaisers in Wien eine Münzpresse bestellt und mit Dekret vom 10. Februar 1893 sollten die äthiopischen Münzen nun nicht mehr in Paris,

---

194. Keller, Ilg, S. 220-226.

sondern in Addis Abeba geprägt werden.[195] Tatsächlich verließen die ersten wieder in Äthiopien hergestellten Münzen, Kupfer-, Silber- und Goldstücke noch im gleichen Jahr die neue Münzstätte und ersetzten nach und nach den im ganzen 19. Jahrhundert verwendeten Maria-Theresientaler. Es war daher verständlich, wenn der Kaiser und sein Staatsminister auch an der Schaffung einer Nationalbank, allerdings als Ableger der Anglo-Ägyptischen Bank in Kairo, interessiert waren. Während die reichlichen Goldvorräte Menelik II. als nationalbankfähig bestätigten, blieb Alfred Ilg bei der Errichtung des ersten Geldinstituts einmal mehr der Lohn für seine Bemühungen versagt. An seiner Stelle wurde Ras Tasamma in den Bankrat gewählt oder besser befördert.

Das Leben im Dienste Äthiopiens brachte den Ingenieur und Staatsminister neben dem Kaiser und seiner Familie mit allen Großen des Reiches, mit Diplomaten, Forschern, Geschäftsleuten und Abenteurern in Kontakt, oft auf angenehme und freundschaftliche, bisweilen aber auch auf recht unangenehme Weise.[196] In den ersten Jahren an den Höfen in Ankober und Entotto zählte Ras Gobena zu den eifrigsten Förderern des Thurgauers. Zum italienischen Bischof Massaia unterhielten Ilg und der tolerante König ebenso freundschaftlichen Kontakt wie zu den Forschern Marchese Antinori und Marchand. Der Ingenieur hatte frühzeitig die Qualitäten von Ras Makonnen erkannt und seine Karriere beim Kaiser mit Erfolg gefördert. Der Schweizer Protestant zählte zu seinen engen Bekannten auch den Abuna Mateos, Ras Dergie, den sein Sohn in der Schweiz so herb enttäuschte, als er zu den italienischen Feinden »floh«; sowie Ras Wolde Gyiorgis und Ras Tasamma. Dieser intervenierte in den letzten Jahren des Wirkens, als der Kaiser bereits Anzeichen seiner unheilbaren Krankheit erkennen ließ, mehrfach zu Gunsten Alfred Ilgs am Hof.

Ilg hatte seinen langjährigen Geschäftspartner Léon Chefneux seinerzeit bei Menelik II. eingeführt, der Franzose rechtfertigte das in ihn gesetzte Vertrauen nicht zu jeder Zeit und erwies sich schließlich sogar als einer der Hauptakteure gegen Ilg in der Eisenbahnangelegenheit. Noch ein weiterer Herr, der Kardinalsneffe Antonelli, lohnte Ilg die angebahnten Kontakte schlecht, in dem er den König mit recht mittelmäßigen Kanonen belieferte und 1889 schließlich hauptverantwortlich für den verhängnisvollen Wichale-Vertrag war. Der italienische Gesandte Ciccodicola benötigte dringend die Hilfe Ilgs bei den Grenz-

---

195. Hahn, Äthiopien, S. 57.
196. Keller, Ilg, S. 200-208.

verhandlungen zwischen Äthiopien und Eritrea nach 1896, hielt den Staatsminister aber trotzdem für einen Feind Italiens. Obwohl der englische Geschäftsträger Harrington die beiden Ilg-Buben Alfred und Menelik im Reiten ausbilden ließ, waren die Interessen Londons nur selten mit jenen Äthiopiens im Einklang; ja der Diplomat hatte bereits 1902 frohlockt, daß der Einfluß Ilgs am Hof schwinde. Der Russe Leontieff gab sich als intimer Freund Ilgs aus, wurde Gouverneur und veranlaßte eine äthiopische Gesandtschaftsreise nach St. Petersburg, und als der »Tagesheld« dann plötzlich von der Bühne verschwand, dürfte Ilg darüber nicht gerade unglücklich gewesen sein. Mit dem französischen Gesandten Lagarde waren die persönlichen Beziehungen freundschaftlich, während sich der diplomatische Verkehr mit dem Verbündeten Paris oft genug heikel gestaltete, möglicher Weise nicht ohne Schuld des Franzosen, der ein doppeltes Spiel betrieb.

Nach dem Sieg von Adua tendierten die Europäer dazu, Kaiser Menelik II. zu romantisieren. Man sah in ihm etwas von einem Propheten, von einem Mystiker, von einem modernen Mann, von einem militärischen Genie und einem schwarzen Dämon.[197] Die Realität sah weniger mythisch aus, zumal wenige Jahre danach der Herrscher zunehmend von Krankheiten heimgesucht wurde. 1901 erlitt er den ersten epileptischen Anfall, 1904 diagnostizierte Dr. Joseph Vitalien unheilbare Syphilis seit seiner Jugend, mehrere kleine Herzinfarkte in den letzten Jahren, eine Venenkrankheit und teilweise Lähmungserscheinungen. Er arbeite und trinke zu viel und – was trotz robuster Konstitution das Schlimmste war – er werde langsam senil.[198] Bereits ein Jahr später erschien der über sechzigjährige Löwe von Juda dem Mitglied einer deutschen Delegation wie eine Statue seiner selbst.

»Menelik ist sechzig Jahre alt, die breitschultrige Gestalt ist mittelgroß, seine Hautfarbe ... ziemlich dunkel, ein Erbteil seiner Mutter, welche eine Galla war. Den unverkennbaren Stempel dieses Volksstammes trägt auch das Antlitz; eine breite, hohe Stirn, stark entwickelte Backenknochen, eine etwas platte Nase, volles rundes Kinn. Ein kurz gehaltener krauser, schwarzer Vollbart umrahmt dieses Gesicht bis zu den Mundwinkeln, während die Oberlippe ein gleichfalls noch schwarzer Schnurrbart umsäumt. Die Augen sind von tiefstem Dunkelbraun, es liegt ihnen unendlich viel abgeklärte Ruhe« (oder bereits geistige Abwesenheit?) zugrunde. Im ganzen ein Antlitz von

---

197. Marcus, Menelik, S. 214.
198. Ebd., S. 226. He founded, that the Emperor was slowly becoming senile.

Bedeutung, ein Gesicht, das jeden beim ersten Blick einnimmt ... Es ist nicht leicht, die Eigenart dieses zweifellos bedeutenden Herrschers dem Verständnis nahe zu bringen ...«[199] Der kaiserliche Hof zeigte sein Oberhaupt allerdings nur noch aus einiger Entfernung. Nachdem die Deutschen die Vorhalle durchquert hatten, empfing sie »... ein mystisches Halbdunkel, ... im Hintergrund des Saales erhob sich der Thron unter einem roten Baldachin mit goldenen Fransen und der Kaiserkrone in der Mitte. Darunter saß auf rotseidenem, goldbestickten Kissen der Herrscher...«[200]

Der alternde und kranke Kaiser lud wie früher an Sonn- und Feiertagen Gäste zum Geber (Festmahl) in den Palast; am äthiopischen Neujahrstag (11. September), am Maskal (Kreuz)fest, an Weihnachten und Ostern, oft für bis zu fünfzehntausend Personen. Seine letzte öffentliche Einladung erfolgte zu Neujahr 1909, ein Jahr später konnte Menelik II. nicht mehr sprechen und die äthiopischen Großen fanden ihn gelähmt.[201] Die Kunde verbreitete sich rasch; in Borena; Kaffa, Wollega und Shanquelo brachen Rebellionen aus. Der Kaiser war endgültig regierungsunfähig geworden und das bis zu seinem offiziellen Ableben am 15. Dezember 1913. Seit 1911 hatte ihn kein Ausländer mehr zu Gesicht bekommen, möglicherweise war er bereits in diesem Jahr gestorben. Gleichzeitig ereilte der Tod auch den Vormund seines Enkels Yasu, den Ras Betweded Tasamma. Menelik II. hatte noch seinen Ministerrat 1907 schwören lassen, »Lidsch« (Kind) Yasu auf den salomonischen Thron zu setzen.[202] Dieser blieb aber formell nur für drei Jahre Kaiser.

Menelik hatte das neue Reich verkörpert wie niemand sonst, ebenso wie sein Modernisierer Alfred Ilg, der genau zehn Jahre vor dem Sturz des Kaiserenkels und sieben Jahre vor dem offiziellen Tod des Kaisers das Land für immer verlassen hatte. Ilg war wohl bereits seit der Untersuchung des Kaisers durch Dr. Vitalien bewußt, daß der Monarch nicht mehr der Alte war. »... Nach und nach mußte Ilg auffallen, daß mit Kaiser Menelik gewisse Veränderungen vorgingen, die eine herannahende Krisis voraus sehen ließen. Die geistige Spannkraft des einst so arbeitsfreudigen Monarchen ließ nach, bei wichtigen Beratungen

---

199. Vollbrecht, Negus, S. 69.
200. Ebd., S. 68.
201. Marcus, Menelik, S. 225ff.
202. Keller, Ilg, S. 229. Der Lausanner Arzt Dr. Georges Montandon hatte ihn in diesem Jahr wohl als letzter Europäer noch lebend gesehen.

wurde er bald müde, brach die Unterhaltung plötzlich ab und legte eine auffallende Teilnahmslosigkeit an den Tag ...«[203]

Der Rücktritt des Schweizers von seinem Staatsamt in Äthiopien konnte danach nur noch eine Frage der Zeit sein. Trotz der engen Kontakte zu den Mitgliedern der kaiserlichen Familie war Menelik selbst stets der Ansprechpartner für Ilg gewesen und nicht einer der Gouverneure oder Ras. Als 1906 Ilgs Schwiegervater in Zürich schwer erkrankte und auch noch im gleichen Herbst starb, bat Ilg zuerst vergeblich um Urlaub. Der familiäre Sinn der Äthiopier vermochte aber dann den Kaiser umzustimmen und der Staatsminister fuhr im März mit der ganzen Familie in die Schweiz. Lehen, Haus und Einrichtung blieben zurück, nachdem er versprochen hatte, Ende des Jahres wieder nach Äthiopien zu kommen, »... immerhin mit dem festen Entschluß, dann nicht mehr länger als zwei Jahre ... zu bleiben.[204] Wenn Alfred Ilg mit dem Tod seines Schwiegervaters auch gute Gründe besaß, seine Rückkehr noch zu verschieben, trug seine Abwesenheit einmal mehr zur Unterminierung seiner Position bei. Als kaiserliche Instruktionen ausblieben, begann diese Tatsache den Betweded im Oktober 1906 nicht wenig zu beunruhigen. Im Februar 1907 telegraphierte der Kaiser, Ilg solle sofort kommen, da eine französische Sondergesandtschaft große Verwirrung in der Eisenbahnangelegenheit anrichte und er ohne ihn nichts beschließen wolle.[205] Im August des Jahres[206], der Staatsminister bemühte sich inzwischen in Paris um die leidige Sache, verschlechterte sich der Zustand Meneliks zusehends. Dr. Vitalien stellte fest, der Kaiser durchlaufe immer häufiger schwere Krisen, verbunden mit Sehstörungen und einer kontinuierlichen Gewichtsabnahme. Der Herrscher selbst zeige sich beunruhigt, daß er nach den Anfällen seine

---

203. Keller, Ilg, S. 229.
204. Ebd., S. 228.
205. Loepfe, Ilg, S. 141f., vgl. auch Marcus, Menelik S. 215. In 1906 the Negus also lost the services of Alfred Ilg, his councillor of state since March 1897. During the railway imbroglio the emperor had become disenchanted with Ilg, whom he accused of advancing his own interests at Ethiopia's expense. Ilg left the country, never to return, although Menelik later regretted his accusation and repeatedly requested his presence in Addis Abeba. By this time, the monarch was ailing and Ilg had made many enemies, feared for his own safety during the political turmoil that would inevitably accompany the succession. In the decade after 1896 Ethiopia had been so secure that no possibility of domestic conflict had been existed. (La situazione e l'ing. Ilg - lettera di Nerazzini, Tangier, 31st June 1909, Italian Archives 37/4).
206. Keller, Ilg, S. 228.

Glieder nur mit Mühe unter Kontrolle bringe und meist müde und apathisch sei.[207]

Noch im gleichen Monat ließ der Kaiser, nach Einflüsterungen von Seiten des Leibarztes des neuen britischen Gesandten Klobukowski nicht nur die Einkünfte aus der Verwaltung des Ilg-Lehens in der Mullo-Provinz beschlagnahmen, sondern auch ein Inventar des Stadthauses anlegen, »... was dahin gedeutet wurde, daß man nicht mehr mit der Rückkehr des Betweded rechnete.« Im September erhielt Ilg eine Nachricht vom Hof des Kaisers, man betrachte die Eisenbahnangelegenheit mit der neuen französischen Trägergesellschaft ohne Alfred Ilg als erledigt und knüpfte daran die Frage, was Ilg unter diesen Umständen noch in Äthiopien zu tun gedenke. »Wo Ilg gesät, suchte die europäische Diplomatie zu ernten«,[208] schrieb die Neue Zürcher Zeitung zutreffend in seinem Nachruf. »Ob solch unfeiner Behandlung begann sich Alfred Ilg persönlich getroffen zu erbittern. Zu spät erinnerte er sich, daß ... Menelik hie und da persönliche Interessen« (gemeint waren wirtschaftliche) ›in den Vordergrund stellte‹«.[209] Ilgs alter Freund und Stellvertreter Ato Joseph schrieb, der Kaiser lasse sich verführen wie ein Kind, ein deutlicher Hinweis auf seinen fortschreitenden geistigen Verfall, und das Wort Dankbarkeit in der amharischen Sprache existiere nicht; der Staatsminister zog die Konsequenzen und reichte am 5. Oktober 1907 die offizielle Demission ein. Der Hof nahm den Rücktritt nicht an, Menelik telegraphierte, »... Ilg möchte bald kommen, möglicherweise wolle er noch manche Dinge ordnen, zumal der Minister später als Vertreter Abessiniens in Europa ausersehen war.«[210]

Aber Ilgs Entschluß stand fest und Menelik informierte am 25. Oktober die fremden Mächte und ihre Vertreter, daß er ein Kabinett aus neun Ministern bilde, die meisten nicht aus dem Kaiserclan stammend und ohne besondere politische Erfahrung, ja die Ministerien für Auswärtige Angelegenheiten und Wirtschaft wurden sogar in Personalunion zusammen gelegt. Die Tätigkeit Ilgs fand dabei mit keinem Wort Erwähnung.[211] »Der Rücktritt des längst in der ganzen Schweiz und in halb Europa bekannten Staatsministers schlug daheim wie eine Bombe ein: War er freiwillig oder gezwungen? ... Die öffentliche Presse,

---

207. Loepfe, Ilg, S. 147.
208. Vadiana, NZZ, Nr. 47, 16.01.1916.
209. Loepfe, Ilg, S. 149.
210. Keller, Ilg, S. 228.
211. Marcus, Menelik, S. 227f.

unsere schweizerische nicht ausgenommen, hat sich damals nicht eben taktvoll benommen. Politiker, die in Abessinien das Gras wachsen hörten, tischten in den Tagesblättern die Neuigkeit auf, Alfred Ilg sei beim Kaiser in Ungnade gefallen, Knall und Fall entlassen worden, was unseren Landsmann begreiflicher Weise sehr verletzt hat. Dieser Roman wurde ... von der kritiklosen Menge geglaubt, obschon sein Inhalt grundfalsch war. Aber Ilg hatte eben ein interessantes Leben hinter sich; der Abschluß seiner Tätigkeit durfte also nicht normal sein, sondern mußte sich etwas theatralisch gestalten, das klang ... für die Außenwelt romantischer.«[212]

Die wahren Gründe für den Rücktritt des Staatsministers aus dem zivilen Dienst Äthiopiens hatte Ilg vor Jahren in einem Brief an einen Zürcher Freund angedeutet[213]: »... Diese leidigen politischen Zwiste (es ging einmal mehr um die Bahn) hatten zudem natürlich auch die Beziehungen des diplomatischen Korps unter sich und mit den äthiopischen Autoritäten aus(ser) Rand und Band gebracht und ich weible als Friedensapostel von Pontius zu Pilatus und muß mich nur zu oft von allen scheel ansehen lassen, da man mir leider für alles eher Kredit geben will als für meine Haupteigenschaft als unabhängiger Schweizer und redlicher Makler. Hie und da würde ich am liebsten die Flinte ins Korn werfen und vom lieblichen Gestade des Zürichsees zusehen, wie sich die Herren Europäer am äthiopischen Löwentatzen Schrammen holen, aber Gott sei Dank gewinnt meine Tatkraft und mein so lang gehegtes Interesse an Äthiopien wieder die Oberhand und so werfe ich mich neuerdings in den Strudel...«

Der Gedanke an Resignation wurde 1906/7 aber noch aus anderen Gründen zur Realität. Ein Jahrzehnt Staatsminister und ein Vierteljahrhundert Ingenieur zu sein, ohne eigentliches Honorar aber doch über Einkünfte zu verfügen, war kein leichtes Unterfangen. Dazu war Ras Makonnen, Gouverneur von Harar und ab 1900 auch von Tigre, wohl der begabteste Verwandte des Kaisers, im März 1906 plötzlich gestorben. Der Herrscher selbst mißtraute mit fortschreitender Krankheit seiner Umgebung in zunehmendem Maße. Endlich engte sich der Spielraum in der Außenpolitik Äthiopiens mit dem Tripartite-Abkommen des gleichen Jahres erheblich ein; sich mit der harmlosesten Kolonialmacht am Horn – Frankreich – gegen Italien und Großbritannien zu

---

212. Keller, Ilg, S. 227.
213. Ebd., S. 130.

verbünden, war nicht mehr möglich. Mehr als dreißig Jahre im Dienst Äthiopiens hatten endlich doch viel Kraft gekostet.[214]

Auch wenn Ilg stets zu nobel gewesen war, aus Geschäften das Äußerste herauszuholen, war er doch so gut situiert, daß er in Zürich zwei Häuser besaß und sich dort behaglich einrichten konnte, auch wenn von einer Pension nicht die Rede war. »Die geschmackvolle Häuslichkeit war ebenso elegant wie originell. Zahlreiche Gegenstände von hohem Wert[215] schmückten sein Heim und verliehen den Räumen abessinische Stimmung wie die ausgesuchten Waffen, die ... Gemälde abessinischer Maler, seltene Jagdtrophäen ...« Ilg, an vielfache Tätigkeiten gewohnt, fand sich mit dem plötzlichen Ruhestand nicht so leicht zurecht und die Geselligkeiten in seinem Hause boten nur unzureichenden Ersatz für seine vielseitigen früheren Aufgaben. 1913 von einer heftigen Lungenentzündung befallen – es war das offizielle Todesjahr seines Kaisers – blieb ein Herzleiden zurück, dem der Staatsminister am 7. Januar 1916 erlag.

---

214. Keller, Ilg, S. 235.
215. Der Großteil der Ilg-Sammlungen befindet sich im Völkerkundemuseum in Zürich.

Kapitel X
Alfred Ilg – Der Mensch seiner Zeit

Zweifellos war Ilg um die Wende des 19. zum 20. Jahrhunderts der bedeutendste Schweizer im Ausland überhaupt und der erste Vertraute eines Herrschers, der seinerseits in Europa als der bedeutendste Afrikaner galt. Das Verhältnis beider Männer, Ilgs und Meneliks II., gestaltete sich außerordentlich eng und fast freundschaftlich, aber keineswegs ohne Reibungen. Ilg bemerkte im ersten Jahr seines Aufenthalts in Äthiopien über den Kaiser: »... Er ist auch der einzige Mann, den ich wie einen Vater liebe, dem zuliebe ich vielleicht noch einige Jahre in diesem Lande verbleibe...«[216]

Daraus wurden bekanntlich über dreißig Jahre im Dienste des Kaiserreichs und Ilg mußte erkennen, daß nicht nur die Diplomatie und die Bewahrung der Unabhängigkeit stets einen Balanceakt darstellten, sondern auch das Verhältnis zum Herrscher. »Zwei in mancher Beziehung gleich geartete und sich ergänzende Naturen ... waren die treibenden Elemente, welche den Gang der Dinge beherrschten.«[217] Aber eine gewisse Unberechenbarkeit des Nagusa Nagast, des Königs der Könige, war nicht ganz aus der Welt zu schaffen und blieb in unterschiedlicher Intensität über all die Jahre bestehen.[218] Überraschende Impulse zum Handeln und ambivalente Einstellung zu den Beratern gehörten für den Selbstherrscher aller Äthiopier sicher als politisches Instrumentarium zur Sicherung der Macht in einer historisch bewegten Zeitspanne. Während Ilg seinen »Chef« nach außen hin stets deckte, scheute er sich in persönlichen Aussprachen mit dem Kaiser keineswegs, höflich, aber deutlich Stellung zu beziehen. Dies war ihm jedoch nur dann möglich, wenn er gerade nicht in Europa weilte. Ilg verließ im Juni 1903 Äthiopien einmal mehr in der Hoffnung, den Kaiser »... aus dem Netz gegnerischer Intrigen gelöst ... zu haben; bis zum nächsten oder wie voriges Mal, ist man versucht zu sagen.«[219] In seinem Nachruf hieß es dazu: »... Gegen Europa war der König von Abessinien mißtrauisch. Intrigen wurden schließlich auch gegen seinen treue-

---

216. Keller, Ilg, S. 255.
217. Ebd.
218. Loepfe, Ilg, S. 42.
219. Ebd., S. 115.

sten Freund, Minister Ilg ... gesponnen. Aus diesem Grunde, aber ohne sich – wie dies fälschlich behauptet worden ist – mit Menelik selbst zu verfeinden, kehrte Ilg ... wieder in die Heimat zurück.«[220] Beide Männer, Menelik und Ilg, konnten einander aber nicht vergessen, sonst hätte der Kaiser nicht noch 1909[221] Telegramme und Briefe mit der Bitte um seine Rückkehr nach Äthiopien gesandt.

Man war dort nach dem formellen und schließlich doch angenommenen Rücktritt vom 5. Oktober 1907 zwar, wie es im diplomatischen Jargon heißt, zur Tagesordnung übergegangen, wenigstens nach außen hin. Beide Männer, Menelik II. und Alfred Ilg, die Schöpfer des neuen Äthiopien hatten Geschichte gemacht; nicht nur äthiopische, sondern auch europäische.[222] Alfred Ilg war der einzige Nicht-Äthiopier, dem der Titel eines Betweded oder Bitwoddet – die höchste Auszeichnung nach dem Kaiser – verliehen worden war. Dazu besaß er neben zahlreichen ausländischen Auszeichnungen (bezeichnender Weise fehlt ein britischer Orden) den Stern von Äthiopien beziehungsweise dessen Großkreuz, das Kommandeurskreuz des Sterns, das Großoffizierskreuz und den Salomonsorden des Königreichs von Goddscham.[223]

Wenn dem Kaiser vorgeworfen werden konnte, er habe pekuniäre Interessen bisweilen höher eingestuft als Freundschaft, müßte man von Alfred Ilg das Gegenteil behaupten. Er schrieb 1893 an seine künftige Frau: »Es ist wahrhaft wunderbar, wie Kaiser Menelik seinem heimgesuchten Volke (nachdem die große Hungersnot endlich zu Ende gegangen war) neue Zuversicht und neue Schaffenskraft beizubringen weiß. Ich bin höchst glücklich, täglich neue Beweise seiner Zuneigung zu erhalten.«[224] Zu diesem Zeitpunkt weilte sein schärfster Gegner Antonelli nicht mehr im Lande. »Im personellen Bereich hatte Ilg zweifellos erkannt, daß ihm (dessen) Tätigkeit den sozialen Aufstieg am Hof von Schoa verbaute. Es wäre naiv, diesen persönlichen Aspekt zu unterschätzen, der (aber) Ilgs Verdienste um die Erhaltung der äthiopi-

---

220. Vadiana, NZZ, 09.01.1916
221. Marcus, Menelik, S. 59, Archiv des Italienischen Außenministeriums 31.01.1909.
222. Küng, Vorlesungen am Institut für Äthiopische Studien der Universität Addis Abeba 1999: Alfred Ilg – A life for Ethiopia.
223. Siehe Farbaufnahmen, S. 78-93.
224. Loepfe, Ilg, S. 25.

schen Unabhängigkeit ... nicht mindert.«[225] Ilg wollte stets ein »... uneigennütziger bescheidener Diener« des Landes sein.

Wenn solche Maßstäbe angesetzt wurden, konnten gegnerische Stimmen, weniger uneigennützige, nicht ausbleiben. Italienische Zeitungen waren im Zuge des Wichale-Vertrages über Ilg hergefallen, und nach der Niederlage von 1896 verbreitete sich die Nachricht, er habe gewaltige Summen für die Freilassung der Gefangenen von Italien erhalten. Auch englische Zeitungen äußerten sich wiederholt negativ über den einflußreichen Staatsminister und zuletzt war er auch mit Frankreich wegen der Eisenbahnfrage in Konflikt geraten. Der Kaiser hatte ihn 1904 vergeblich zu bewegen versucht, sein Aktienpaket an die Engländer abzutreten. Paris warf ihm schließlich vor, »... sich am Eisenbahnunternehmen ohne viel Zutun bereichert zu haben. In Wirklichkeit hat Alfred Ilg weder aus dem äthiopischen Staatsdienst noch aus der Eisenbahnaffäre pekuniären Nutzen gezogen; sein Vermögensausweis verweist diesbezügliche Vermutungen in das Reich der Fabel. Wenn selbst in französischen Regierungskreisen Verdächtigungen kursierten, Ilg habe Äthiopien mit Millionen verlassen, so gehört dies zum Kapitel böswilliger Unterstellungen. Wo Polemik und Diffamierung das Feld beherrschten, blieb für den redlichen Ilg kein Platz.«[226]

Am Hof von Addis Abeba stießen nicht nur Individual- und Claninteressen aufeinander. »Kaiserin Tayitu zog ihre eigenen Fäden und ... versuchte Ilg auf ihre Seite zu ziehen. Wer sich heute als Freund gab, konnte morgen ein Feind sein...«[227] Ilg ließ sich weder von einem Mitglied der kaiserlichen Familie noch von einer imperialistischen Macht für deren Zwecke mißbrauchen. Jemand wie er, der wissentlich keinem seiner Mitmenschen Unrecht tun konnte, begegnete den Manövern seiner Feinde auch nicht mit den gleichen unlauteren Mitteln: das war

---

225. Loepfe, Ilg, S. 13. Nach einem Schreiben Alfred Ilgs an seine Mutter Magdalena (Ilg-Archiv, Zürich, nur Kopie vorhanden) vom 2.12.1886 war das Verhältnis zu Antonelli zu diesem Zeitpunkt noch konfliktfrei, doch etwas distanziert. »Mit Freuden benutze (ich) die freundliche Offerte des Grafen Pietro Antonelli, einige wenige Briefe durch seinen Courir an die Küste und Europa zu spedieren..., so daß (wir) heute gar keine Hoffnung haben können, weder Effekten noch Briefe über Zeila (britisch) und Obok (französisch) zu erhalten; der einzige Weg, der uns noch offen bleibt (wegen einer Epidemie auf diesem ›unglücklichen Continent‹) ist derjenige von Afsab (italienisch) durch den Herrn Grafen Antonelli...« Erst die Ereignisse rund um den Wichale-Vertrag entzweite – wohl schon in den achtziger Jahren – die beiden bedeutesten Ausländer am Hof Meneliks.
226. Ebd., S. 152.
227. Ebd., S. 25f.

seine Stärke und Schwäche zugleich. »Er blieb nach drei Jahrzehnten äthiopischer (und nicht zu vergessen diplomatischer) Erfahrung jenen bürgerlichen Wertvorstellungen verpflichtet, die er einst in Frauenfeld in sich aufgenommen hatte.« Das galt für sein Verhalten in Äthiopien in gleicher Weise wie für die Schweiz und Europa. Alfred Ilg war Zeit seines Wirkens in Afrika um seine dortigen Landsleute besorgt, als ein nicht ernannter Honorarkonsul gewissermaßen. Alle Schweizer gingen im Ilgschen Haus ein und aus und fast alle verdankten ihm ihre Stellungen in Äthiopien. Der aus Winterthur stammende Adolf Haggenmacher war im Oktober 1875 mit Munzinger-Pascha bei Aussa in Äthiopien ums Leben gekommen. Während die Stadtväter seiner Heimat von der Witwe nichts wissen wollten, steckte man den Sohn, den »schwarzen Konrad ... in die Schule, dann in ein Internat, endlich in eine Schlosserlehre; alles mit dem gleichen Erfolg, nämlich keinem.« 1892 nahm ihn der Berater Meneliks Ilg mit nach Äthiopien. »1905 soll er Bahnhofvorstand in Deutsch-Ostafrika (Tansania) gewesen sein, nachher hörte man nichts mehr von ihm.«[228]

Im Nekrolog hieß es über Ilgs Charakter: »Analysiert man das Wesen dieses Mannes, so findet man eine Vereinigung von ganz verschiedenen, aber sich glücklich ergänzenden Eigenarten, wie sie nur selten zusammen vorkommen. In erster Linie eine physische Konstitution, die allen Strapazen gewachsen schien. Von strammer, fast militärischer Haltung imponierte seine Figur durch ihre Größe ... Ganz außerordentlich war seine Beobachtungsgabe ... In der Beobachtung und Beurteilung fremder Menschenrassen war er geradezu genial veranlagt. Sein unbefangenes, ehrliches Wesen erweckte überall bei hoch und niedrig unbedingtes Zutrauen. Daneben war er von einer Lebensklugheit, die ihn zum geborenen Diplomaten machte. In der Verfolgung seiner Ziele leitete ihn eine geradezu fabelhafte Energie ... Mit dieser Energie hatten auch seine Gegner zu rechnen ... Bedeutende Naturen entzücken uns meist durch ihr naives Wesen, diese glückliche Beigabe war auch bei Ilg zu finden. Alles Gesuchte, Geschraubte und Gemachte war ihm zuwider...«[229]

Ohne Zweifel ein aufrechter Mensch, als Mann, Vater, Ingenieur, Politiker und Freund. Mit »... unbestrittener Genialität hatte es Alfred Ilg verstanden, sich in das Wesen des abessinischen Volkes einzuleben. Als feiner Beobachter bemerkte er (bald) auch Vorgänge politischer

---

228. Schobinger, ZürcherInnen, S. 122.
229. Vadiana, NZZ, 16.01.1916.

Natur und egoistische Bestrebungen fremder Nationen...«[230] Ilg »... sah sich in eine Welt versetzt, die aufgrund ihrer Lebensbedingungen, ihrer sozialen und wirtschaftlichen Strukturen[231] und ihrer Wertmaßstäbe von jedem Fremden ein hohes Maß an Anpassungsfähigkeit erforderte, innert erstaunlich kurzer Zeit zu genügen.« In seinem Tagebuch vermerkte bereits der junge Thurgauer, er wolle »... seine ganze Kraft einem Werke widmen..., welches das schöne und viel versprechende, wenn auch heute noch mysteriöse Äthiopien der europäischen Kultur näher bringen sollte.«[232]

Sein Freund und Biograph Professor Keller hob ausdrücklich hervor, »... die große Tat Ilgs sei und bleibe die kulturelle Hebung des abessinischen Volkes. Die ganze Würdigung dieser kulturgeschichtlichen Tat bleibt der Zukunft vorbehalten.« Und weiter: »Hier in Äthiopien kamen dem schweizerischen Kulturboten allerdings Faktoren zu Hilfe, deren Bedeutung ... übersehen wird. Erstens gehörte er keiner Großmacht an, für welche er Nebenzwecke verfolgte und zweitens eröffnete ihm seine republikanische Erziehung ein volles Verständnis für die wirklichen Bedürfnisse des Volkes ... Als schweizerischer Kulturbringer hat er in Abessinien ganz ungewöhnlich erfolgreich gewirkt ... Seine Kulturmission war ihm Herzenssache...«[233]

Diese Aussagen verrieten zweierlei: Auch als Bürger der Schweiz, die zahlreiche Auswanderer stellte, aber keine Kolonien besaß, dachte Keller grundsätzlich wie seine Zeitgenossen in den imperialen Staaten. Der Kolonialismus suchte seine Rechtfertigung damals gerade auch in der Mission des Kulturbringers. Und unter Kultur verstanden Ilg und sein erster Biograph die Errungenschaften der modernen Technik. Hätte Professor Keller von der Eidgenössischen Technischen Hochschule in Zürich nicht nur die Hauptstadt und den Süden des Landes

---

230. Vadiana, NZZ.
231. Gemeint war etwa der Großgrundbesitz, spätantiken und mittelalterlichen Latifundien vergleichbar; auch der Ingenieur und Minister Ilg besaß ein »Lehen«. Erst die Derg-Regierung von 1975-1991 enteignete den Großgrundbesitz von Kaiserclan und Kirche, der zwei Drittel der Landesfläche betrug. Entgegen der These Lenins behielten die kleineren Bauern mit einer Bewirtschaftungsfläche von bis zu fünfzehn Hektaren ihr Eigentum. Das heutige Ihadik-Regime machte diese Maßnahme nicht rückgängig; der übrige Boden, mit Ausnahme der Privathäuser, gehört weiterhin dem Staat; jedermann kann ihn gegen ein geringes Entgelt pachten, muß aber ein Projekt vorweisen und dieses auch durchführen. So können etwa Stiftungen für Entwicklungszusammenarbeit Land pachten – allerdings mit einigem bürokratischen Aufwand.
232. Loepfe, Ilg, S. 12, Tagebuch/Erinnerungen 1907, Nachtrag.
233. Keller, Ilg, S. 4ff.

gekannt, sondern auch Axum, Lalibela, Gondar oder Bahr-Dar (Harar war ihm bekannt), der Begriff Kulturbote wäre von ihm wohl nicht in diesem Zusammenhang verwendet worden. Der Ingenieur Alfred Ilg hatte allerdings Technik im weitesten Sinn des Wortes nach Äthiopien gebracht: Brücken und Straßen, Hausbau aus Mauerwerk, Waffen- und Munitionswerkstätten, Wasserleitungen, Kanalisation, Spitalbau, Post, Fernmeldewesen, Münzen, Banknoten und die Bahn. Und doch Kultur: Der Staatsminister bei Kaiser Menelik II. muß als Begründer einer kontinuierlichen Regierungstätigkeit im Lande angesehen werden und die Einbindung Äthiopiens in die internationale Staatenwelt ist sein Werk. Er hat dazu die Ausdehnung des Landes exakt auf die heutige Größe veranlaßt – die allerdings jetzt wieder umstritten ist.[234] Und zusammen mit dem König der Könige hat er erfolgreich verhindern können, daß das stolze und stets freie Äthiopien zur italienischen Kolonie herabgesunken ist.

Alfred Ilg war im besten Mannesalter nach Äthiopien gekommen, wo es schöne, mehr oder weniger dunkle, aber vorwiegend mit europäischen Gesichtszügen ausgestattete Frauen gab. Die eineinhalb Jahrzehnte vor seiner Heirat dürften, auch wenn seine Aufzeichnungen sich darüber ausschweigen, kaum ohne Beziehungen zum anderen Geschlecht vorübergegangen sein. Als der Berater Meneliks II. kurz vor seiner Ernennung zum Staatsminister heiratete, mußte sich eine äußerst harmonische Beziehung zu seiner Frau Fanny entwickelt haben. Freiwillig ging sie mit ihm ins ferne Äthiopien und im gegenseitigen

---

234. St. Galler Tagblatt, 01.03.1999. Im Krieg zwischen Äthiopien und Eritrea zeichnet sich eine Lösung ab. Eritrea erklärte sich nach militärischen Erfolgen Äthiopiens zur Annahme des Friedensplans der Organisation für Afrikanische Einheit OAU bereit. Im Verlauf der am letzten Dienstag gestarteten Operation »Sonnenuntergang« seien aus dem 400 Quadratkilometer großen Grenzgebiet um die Ortschaft Badme über 40'000 eritreische Soldaten vertrieben worden, sagte die Regierungssprecherin. Die äthiopischen Truppen hätten auf einer Länge von 100 Kilometern Schützengräben überrannt, die durch Personen- und Panzerminen gesichert gewesen seien. Mit dem Vorstoß eritreischer Truppen auf das bis dahin äthiopisch verwaltete Badme hatten die neuen Kämpfe zwischen den Nachbarländern im Mai 1998 begonnen. Bei dem Streit um Gebiete entlang der 1'000 Kilometer langen gemeinsamen Grenze geht es auch um dort vermutete Bodenschätze. Nach mehreren Monaten relativer Ruhe war der Krieg am 6. Februar erneut eskaliert. Eritrea hatte 1993 nach einem dreißigjährigen Befreiungskrieg die Unabhängigkeit ... erlangt. (Auch zum jetzigen Zeitpunkt wird die Waffenruhe durch Zwischenfälle gebrochen. Zahlreiche Staaten, darunter die Schweiz, bemühen sich seit Monaten um eine endgültige Beilegung des Konflikts. Das »Badme-Dreieck« erscheint schon auf den Karten von 1897, nach der Schlacht von Adua, als zu Äthiopien gehörig.)

Einverständnis kehrten Ehepaar und Kinder nach zehn Jahren in die Schweiz zurück.

Dem Staatsminister a.D. Ingenieur Alfred Ilg, wieder in Zürich, muß es weh getan haben, Nachrichten aus Äthiopien zu hören: das Fortschreiten der Krankheit beim Kaiser, die Verunsicherung über seine Nachfolge und der plötzliche und beinahe vollständige Abbruch der Kontakte mit einem Land, dem er so lange gedient hatte. Sicher beschäftigte ihn auch die Tatsache, daß der körperliche und geistige Niedergang des großen Herrschers mit seinem Weggang zusammenfiel, ja wegen der zahlreichen Intrigen wohl auch zusammenfallen mußte. Die Pendants der äthiopischen Politik des vergangenen und für das Land entscheidenden Jahre gab es nicht mehr: Der Begriff Zäsur traf exakt die neue Situation.

Zwar besaß der Staatsminister auf Grund seiner langen Abwesenheit nur wenige Freunde daheim. Auch wurde er wohl bisweilen als eine Art Exot betrachtet, hatte er doch bei früheren Reisen äthiopische Dienerschaft mitgebracht in ein Zürich, das keine fünfzigtausend Einwohner zählte. Mit Genugtuung konnte er jedoch am Heranwachsen seiner Kinder teilnehmen. Die ältesten zwei, Alfred und Menelik, waren 1896 und 1898 in Addis Abeba geboren, beim zweiten war der Kaiser Taufpate.[235] Deren jüngere Geschwister Fanny und Felix kamen 1902 und 1904 während Aufenthalten in der Heimat zur Welt. Aber die Erinnerung der vierjährigen Tochter an die Wahlheimat war nach der Rückkehr nicht erloschen. Mit Blick nach oben soll sie bei der Ankunft in der Schweiz ausgerufen haben: »Wir müssen jetzt noch den Himmel abstauben.«[236]

Als Alfred Ilg am 7. Januar 1916 starb, schrieb die Neue Zürcher Zeitung[237]: »... Man wird die markante Persönlichkeit in unserer Stadt, in deren Straßen Herr Minister Ilg mit seiner Gattin oft zu sehen war, schmerzlich vermissen...«

Alfred Ilgs Gattin Fanny geborene Gattiker überlebte ihren Mann beinahe um vier Jahrzehnte. In Zürich war die Frau Minister so etwas wie eine Legende aus einem fernen Land. Wenn die immer schlechter

---

235. Mitteilung Iris Zwicky, 1999. Möglicherweise gibt es auch äthiopische Nachkommen Alfred Ilgs in Addis Abeba. Nach Auskunft des Instituts für Äthiopische Studien an der Universität Addis Abeba existiert eine Familie »Turk« (=hell) Demisse Ilg. (Herr Ahmed Zekaria, Kurator des Museums, 14.07.1999)
236. Dito.
237. Vadiana, NZZ, 07.01.1916, 1. Mittagsblatt. Die Zeitung erschien in mehreren Tagesausgaben.

sehende alte Dame den Bellevueplatz ohne große Aufmerksamkeit überquerte, hielten alle Autos an, denn fast jedem Bewohner war sie ein Begriff. Eine Legende war sie bereits in Ostafrika gewesen, als die Kaiserin Tayitu sie oft besuchte, Herren aus allen Ländern ihre Küche und Gastfreundschaft lobten und die Briten ihr auf einer Reise durchs Rote Meer ein Kriegsschiff mit Eis sandten, weil sie einen Hitzschlag erlitten hatte.[238] Der Kontakt der Familie Ilg mit Äthiopien ging nie ganz verloren, dazu war die Hinterlassenschaft des Staatsministers zu beeindruckend. Frau Iris Zwicky, Schwiegertochter von Fanny Ilg, bewahrt nicht nur jenen Teil des Nachlasses, der sich nicht in den Museen von Zürich, Addis Abeba und neuerdings auch im Greuterhof in Islikon, Thurgau befindet, sondern auch die mündliche Überlieferung. Schließlich ist der Urenkel Alfred Ilgs, Peter Zwicky, als äthiopischer Honorarkonsul in Zürich tätig.

Es ist für einen Historiker keineswegs ungefährlich und möglicherweise nicht einmal statthaft, mit Konjunktionalsätzen zu spekulieren. Aber so viel sei einem Biographen, anstelle von Schlußfolgerungen, die bewußt vermieden wurden, gestattet:

- Erfolgte Ilgs endgültiger Abgang von Äthiopien im Sommer 1906 doch zu überstürzt?
- Hätte, trotz der zunehmenden Unzurechnungsfähigkeit des Kaisers mit den Großen und ihm alle Bekannten des Landes nicht ein *modus vivendi* gefunden werden können? Ilg war ja als Botschafter Äthiopiens in Europa vorgesehen und bei seinem Abschied erst ganze zweiundfünfzig Jahre alt.
- Die Portraits[239] zeigen einen hellwachen Mann ohne jede Resignation in den klaren Gesichtszügen, der dem Kaiserreich noch viele Jahre unschätzbare Dienste hätte leisten und so sein Lebenswerk abrunden können.
- War sein doch abrupter Abschied aus Äthiopien sein einziger wesentlicher und – historisch vielleicht folgenschwerer Fehler?
- Wenn ... hätte sich die Eisenbahnangelegenheit mit Frankreich durch den Gesandten und alt Staatsminister vielleicht anders lösen lassen.
- Wenn ... wäre Ilg vielleicht nicht schon mit kaum zweiundsechzig Jahren gestorben.

---

238. Mitteilung Iris Zwicky, 1999.
239. Ilg-Nachlaß, vgl. Porträt auf dem Buchumschlag.

- Dann ... hätte er vielleicht beim 1919 gegründeten Völkerbund in Genf als angesehener Anwalt Äthiopiens gegen die Revanchegelüste Italiens aufzutreten vermocht...

Doch spätestens hier sieht sich der Historiker und Biograph von den Fakten eingeholt: Aus Geschichte und Lebenslauf kann man zwar durchaus lernen – beide bleiben aber letztlich unveränderbar.

Photo 63: Kaiser Menelik mit Diadem und Gewehr, vor 1900, Photo Ilg, VMZ

Photo 64: Löwenzwinger – Königlicher Löwe als Wappen des Reiches bis 1974, Photo Ilg, VMZ

Photo 65: Kaiser Menelik II. in vollem Ornat, vor 1900, Photo Ilg, VMZ

Photo 66: Menelik-Mausoleum 1934, Mittelholzer Abessinienflug

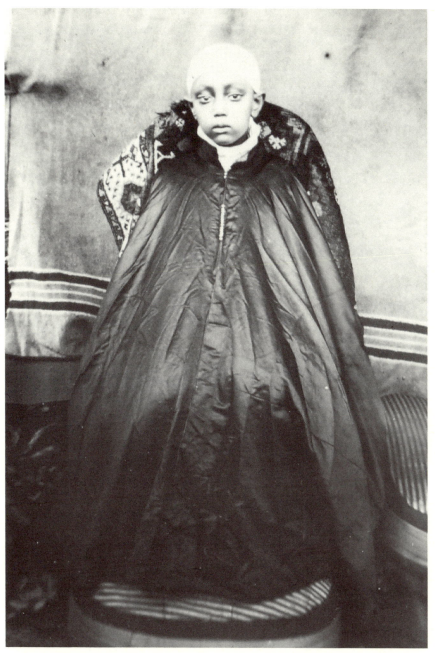

Photo 67: »Lidsch« (Kind) Yasu IV., Enkel und Nachfolger Meneliks bis 1916, Photo Ilg, VMZ

Photo 68: Krone von Kaffa, ein Geschenk Meneliks an Ilg, Keller Ilg

Photo 69: Ilg-Anwesen in Addis Abeba, um 1900, Photo Ilg, VMZ

Photo 70: Fanny Ilg (im Wagen), Menelik und Alfred Ilg vor dem Gehöft, um 1905, Photo Ilg, VMZ

Photo 71: Familie Ilg auf Reisen in Äthiopien (1906),
Photo Ilg, VMZ

Photo 72: Kaiserpalast 1934, Mittelholzer Abessinienflug

Photo 73: Bahn und Bahnhof Addis Abeba, 1917 fertiggestellt, Mittelholzer Abessinienflug

Photo 74: Frau Fanny Ilg-Gattiker als Witwe, um 1930, B. Zwicky, Orden

Quellen

Völkerkundemuseum Zürich (Abkürzung: VMZ)

Photos (von Alfred Ilg gemacht und entwickelt) 600 Aufnahmen über äthiopische Motive
Sammlung Ilg (Handwerkserzeugnisse, Waffen, Schmuck, Hausrat etc.)

Privates Familienarchiv Ilg (Abkürzung: Zürich PIZ)

Kopierbücher, 20 Stück
Wachstuchheft
Chronik Fanny Zwicky-Ilg
Gemälde
Portraits
Büste
Photos
Orden
Münzen
Briefmarken
Waffen
Elfenbein

Kantonsbibliothek Vadiana

NZZ 1896, 1916
Reisebericht 1892
Korrespondenz betr. Ausstellungen
Stadtarchiv Frauenfeld
Staatsarchiv Thurgau

Literatur

Baykedagne Guebre H.: L'empereur Menelik et l'Ethiopie, Addis Abeba-Paris 1993
Bergier Jean-François: Wirtschaftsgeschichte der Schweiz, Zürich 1983
Chronik der Schweiz, Zürich 1987
Chronik des 19. Jahrhunderts, Geiß Immanuel (Hg.), Augsburg 1996
Haberland Eike: Einführung in die Geschichte in: Georg Gerster, Äthiopien, Zürich 1974
Hahn Wolfgang: Äthiopien, Ausstellungskatalog, Linz 1994
Hiltenbrandt: Das europäische Verhängnis, Berlin 1919
Historisch-biographisches Lexikon der Schweiz, Bd. 4, Neuenburg 1927
Hobsbawm E. J.: Die Blütezeit des Kapitals, Zürich 1979
Jenny Hans: Äthiopien, Stuttgart 1957
Keller Konrad: Alfred Ilg – Sein Leben und sein Wirken, Frauenfeld 1918
Klessmann Eckart: Fürst Pückler und Machbuba, Berlin 1998
Küng Heribert: Vorlesungen am Institut für Äthiopische Studien, Universität Addis Abeba (teilweise publiziert im Bulletin, Vierteljahresschrift des Instituts durch Assefa Zeru)
Loepfe Hans: Alfred Ilg und die äthiopische Eisenbahn, Zürich 1974
Lüthi Herbert: Der Kolonialismus und die Einheit der Geschichte in: H. U. Wehler (Hg.), Imperialismus, Düsseldorf 1979
Lutz' Handlexikon: Vollständige Beschreibung des Schweizerlandes, Bd. 1, Aarau 1827
Marcus Harold G.: Menelik II. – The life and times of, Lawrenceville 1975, 1995
Mittelholzer Walter: Abessinienflug, Zürich 1934
Paczensky Gert, von: Die Weißen kommen, Hamburg 1970
Rosen Felix: Eine Gesandtschaftsreise nach Abessinien, Leipzig 1907
Salis Jean-Rodolphe, von: Weltgeschichte der neuesten Zeit, Band 1, Zürich 1980
Schmid Ernst: Thurgauische Afrikaforscher, Frauenfeld 1940
Schoop Albert (Hg.): Geschichte des Kantons Thurgau, Frauenfeld 1987-92
Spectrum Guide to Ethiopia, Nairobi 1996
Schobinger Viktor: ZürcherInnen in aller Welt, Zürich 1996

Supan Alexander: Die territoriale Entwicklung der europäischen Kolonien, Gotha 1906

Vollbrecht Hans: Im Reiche des Negus, Stuttgart o. J. Zewdw Bahru: A short history of Ethiopia, Addis Abeba 1998

Zeru Assefa: Alfred Ilg – Meneliks II. Swiss advisor, 1997, New facts about Alfred Ilg's opportunities at Ethiopia, 1998, Alfred Ilg – A life for Ethiopia 1999 in: A quaterly publication of the Institute of Ethiopian Studies, Addis Abeba University (Vorlesungszusammenfassungen Heribert Küng)

Zwicky Dieter F.: Staatliche und internationale Orden von Staatsrat und Staatsminister Alfred Ilg, Zürich 1979 (Manuskript)

Abbildungsverzeichnis

Photo 1: Frauenfeld um 1865, mit Bahn, Stadtarchiv Frauenfeld......... 25
Photo 2: Haus zum Hirschen, Ilgs Geburtshaus 1926, Frauenfeld........ 26
Photo 3: Eine der Stelen von Axum aus monolithischem Granit,
ungefähr 30 Meter hoch, undatiert, Historic Ethiopia 27
Photo 4: St. Georgskirche, Monolith in der ehemaligen
Zagwe-Hauptstadt Lalibela, Historic Ethiopia 28
Photo 5: Teil des Fasilidas-Palastes in Gondar, Historic Ethiopia........ 29
Photo 6: Die große Moschee in Harar, Historic Ethiopia 30
Photo 7: Äthiopischer Priester mit Zeremonien-Schirm, um 1900,
Völkerkundemuseum Zürich, Photo Ilg, VMZ 31
Photo 8: König Gabra Maskal und der heilige Yared, Maria Zion,
Aksum, 17. Jahrhundert (?), Gerster Äthiopien 32
Ein Brief Ilg's an seine Mutter 53
Photo 9: Bau des Glockenturms auf dem Entotto, Photo Ilg, VMZ 60
Photo 10: Ilg-Haus auf dem Entotto, Postkarte,
Ausstellung Greuterhof Islikon, Thurgau 61
Photo 11: Ilg-Familie auf Reisen, um 1900, Photo Ilg, VMZ............. 62
Photo 12: Karawane auf dem Weg Addis Abeba-Dschibuti,
um 1890 (?), Photo Ilg, VMZ 63
Photo 13: Segelbarken, wohl im Hafen von Dschibuti, um 1890 (?),
Photo Ilg, VMZ.. 64
Photo 14: Dampfer mit Hilfssegeln, um 1890 (?), Photo Ilg, VMZ...... 65
Photo 15: Alfred Ilgs erste Elephantenjagd, 1885, Photo Ilg, VMZ 66
Photo 16: Elfenbeinhandel in Äthiopien, Ort unbekannt, um 1900,
Photo Ilg, VMZ.. 67
Photo 17: König Menelik von Schoa, um 1880, Photo Ilg, VMZ 68
Photo 18: Ankobar, Palasthügel, Pankhurst/Gerard,
Ethiopia Photographed 69
Photo 19: Ankobar, Reste des Palastes, Botschaftsattaché Aebischer,
Addis Abeba.. 70
Photo 20: Menelik als König von Schoa mit Heerführern,
Pankhurst/Gerard, Ethiopia Photographed..................................... 71
Photo 21: Krönungskirche Meneliks II. auf dem Entotto,
Botschaftsattaché Aebischer, Addis Abeba 72
Photo 22: Blick auf den Menelik-Gibbi in Addis Abeba um 1900,
Pankhurst/Gerard, Ethiopia Photographed..................................... 73
Photo 23: Geographische Karte, Äthiopien und seine Nachbarn heute,
Kümmerly-Frei-Atlas (mit Nachdruckerlaubnis) 78
Photo 24: Europäische Kolonien in Afrika vor 1914, dtv-Atlas zur
Weltgeschichte, Band 2 79
Photo 25: Ikonenmalerei auf Holz, Heilige, 15. Jahrhundert,

IES Universität Addis Abeba 80
Photo 26: Votivkronen in Axum, 18. Jahrhundert (?), Historic Ethiopia 81
Photo 27: Orden der Ehrenlegion, Frankreich, 21.10.1892,
Privatsammlung Ilg, Zürich PIZ 82
Photo 28: Osmanenorden, Türkei, 01.12.1895,
Privatsammlung Ilg, Zürich PIZ 83
Photo 29: St.-Anna-Orden, Rußland, 03.09.1897,
Privatsammlung Ilg, Zürich PIZ 84
Photo 30: Commendatore, Italien, 17.05.1901,
Privatsammlung Ilg, Zürich PIZ 85
Photo 31: Kronenorden, Preußen, 08.12.1904,
Privatsammlung Ilg, Zürich PIZ 86
Photo 32: Franz-Joseph-Orden, Österreich-Ungarn, 02.10.1905,
Privatsammlung Ilg, Zürich PIZ 87
Photo 33: Salomons-Orden, Goddscham, 01.08.1897,
Privatsammlung Ilg, Zürich PIZ 88
Photo 34: Großoffizierskreuz, Äthiopien, 27.03.1898,
Privatsammlung Ilg, Zürich PIZ 89
Photo 35: Stern von Äthiopien, Datum unbekannt,
Privatsammlung Ilg, Zürich PIZ 90
Photo 36: Äthiopische Posttasche, nach 1895,
Ilg-Ausstellung, Greuterhof 91
Photo 37: Silbermünzen, 1893, Privatsammlung Ilg, Zürich PIZ 92
Photo 38: Eisenbahn-Aktie, 1910, Ilg-Ausstellung, Greuterhof 93
Photo 39: Brücke in Addis Abeba, um 1895,
Architekt und Bauleiter Ilg, Photo Ilg, VMZ 112
Photo 40: Kirchenneubau, um 1895, Architekt Ilg (?), Photo Ilg, VMZ 113
Photo 41: Wegbau im Areal des Gibbi, nach 1890, Architekt Ilg (?),
Photo Ilg, VMZ 114
Photo 42: Addis Abeba ensteht, Gibbi im Hintergrund, nach 1896,
Photo Ilg, VMZ 115
Photo 43: Audienzhalle und Uhrturm im Gibbi – Eine neue Zeit
bricht an, um 1936, Zischka, Äthiopien 116
Photo 44: Ras Makonnen, Heerführer und Gouverneur, um 1890,
Photo Ilg, VMZ 117
Photo 45: Äthiopische Soldaten (vor einer Parade?), nach 1896,
Photo Ilg, VMZ 118
Photo 46: Äthiopische Kavallerie, nach 1896, Photo Ilg, VMZ 119
Photo 47: Schlacht von Adua, 01.03.1896. Man beachte die Art,
wie die waffenmäßige Überlegenheit der Italiener dagestellt ist,
Ilg-Sammlung Zürich 120
Photo 48: Alfred Ilg in Uniform des Staatsrates, um 1897,
B. Zwicky, Orden 137

Photo 49: Brief-Couvert an Staatsminister Exzellenz Ilg, 1903,
Ilg-Ausstellung, Greuterhof 138
Photo 50: Staatsminister Ilg zu Pferd, Photo Ilg, VMZ 139
Photo 51: Französische Mission (?) Graf Guibourgere, um 1900,
Photo Ilg, VMZ 140
Photo 52: Österreichisch-Ungarische Mission, 1905,
mit Ras Wolde Gyiorgis, Photo Ilg, VMZ 141
Photo 53: Deutsche Mission, 1905, Photo Ilg, VMZ 142
Photo 54: Alfred Ilg (ganz rechts) mit der deutschen Mission,
Pankhurst/Gerard, Ethiopia Photographed 143
Photo 55: Das Werden des imperialen Äthiopiens, Hahn Äthiopien 144
Photo 56: Erlaubnis zur Gründung einer Eisenbahngesellschaft,
1893, Ilg-Ausstellung, Greuterhof 145
Photo 57: Äthiopische Arbeiter beim Bahnbau, um 1900,
Pankhurst/Gerard, Ethiopia Photographed 146
Photo 58: Viadukt von Holl-Holl, um 1900,
Architekt und Bauleiter Ilg (?), Photo Ilg, VMZ 147
Photo 59: Bahnhof von Dire-Dawa, nach 1903, Architekt Ilg,
Photo Ilg, VMZ 148
Photo 60: Dampflokomotive, nach 1903, Rollmaterial Sulzer,
Winterthur, Photo Ilg, VMZ 149
Photo 61: Harar mit Moschee, um 1900, Photo Ilg, VMZ 150
Photo 62: Französische Expedition Capitaine Marchand, 1898
(Faschoda-Krise), Photo Ilg, VMZ 151
Photo 63: Kaiser Menelik mit Diadem und Gewehr, vor 1900,
Photo Ilg, VMZ 169
Photo 64: Löwenzwinger – Königlicher Löwe als Wappen des Reiches,
Photo Ilg, VMZ 170
Photo 65: Kaiser Menelik II. in vollem Ornat, vor 1900,
Photo Ilg, VMZ 171
Photo 66: Menelik-Mausoleum 1934, Mittelholzer Abessinienflug 172
Photo 67: »Lidsch« (Kind) Yasu IV., Enkel und Nachfolger
Meneliks bis 1916, Photo Ilg, VMZ 173
Photo 68: Krone von Kaffa, ein Geschenk Meneliks an Ilg, Keller Ilg .. 174
Photo 69: Ilg-Anwesen in Addis Abeba, um 1900, Photo Ilg, VMZ 175
Photo 70: Fanny Ilg (im Wagen), Menelik und Alfred Ilg, um 1905,
Photo Ilg, VMZ 176
Photo 71: Familie Ilg auf Reisen in Äthiopien (1906), Photo Ilg, VMZ. 177
Photo 72: Kaiserpalast 1934, Mittelholzer Abessinienflug 178
Photo 73: Bahn und Bahnhof Addis Abeba, 1917 fertiggestellt,
Mittelholzer Abessinienflug 179
Photo 74: Frau Fanny Ilg-Gattiker als Witwe, um 1930,
B. Zwicky, Orden 180

HIC LIBER CONFECTVS EST MACHINIS
SOCIETATIS CVI NOMEN EST EDITIONES THESIS
LVTETIAE PARISIORVM ET TVRICI
HOC LIBER FELICITER
IMPRIMATVS FVIT
A.D. MCMLXXXVIIII

In Europa hergestellt
Drucklegung FCM – Prag
gedruckt durch Fareso – Madrid – Spanien
© *Thesis Verlag GmbH Zürich*